LE BATARD

DE MAULÉON

Alexandre Dumas.

Troisième volume.

Bruxelles et Livourne.

ME LINE, CANS ET COMPAGNIE.

LEIPZIG.

J. P. MELINE, LIBRAIRE.

1846

LE BATARD

DE MAULÉON.

2864

LE BATARD

DE MAULÉON

PAR

Alexandre Dumas.

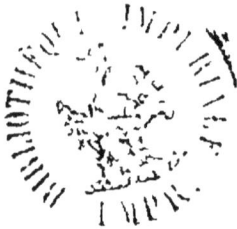

—

TOME III.

BRUXELLES.

MELINE, CANS ET COMPAGNIE.

LIVOURNE. | LEIPZIG.
MÊME MAISON. | J. P. MELINE.

—

1846

LE BATARD DE MAULÉON.

I

OU L'ON VERRA QUE MESSIRE BERTRAND DUGUESCLIN ÉTAIT NON MOINS BON ARITHMÉTICIEN QUE GRAND GÉNÉRAL.

Pendant que le prince Henri de Transtamare et son compagnon Agénor se dirigeaient vers Bordeaux où les attendaient les événements que nous venons de raconter, Duguesclin, muni des pleins pouvoirs du roi Charles V, avait réuni les principaux chefs des compagnies et leur expliquait son plan de campagne.

Il y avait plus de tactique et d'art militaire qu'on ne pense dans ces hommes de proie, assujettis, comme les oiseaux rapaces, leurs semblables, ou comme les loups leurs frères, à ces pratiques journalières de vigilance, d'industrie et de résolution, qui donnent la supériorité aux gens vulgaires et le génie aux hommes supérieurs.

Ils comprirent donc admirablement les dispositions générales que le héros breton leur soumit, et qui formaient cet ensemble d'opérations qu'on peut toujours arrêter d'avance et d'où ressortent ces opérations particulières que commandent les circonstances. Mais à tout ce belliqueux projet, ils objectèrent un seul argument auquel il n'y avait point de réplique : De l'argent.

Il est juste de dire qu'il y eut unanimité dans l'objection et que l'argument fut lancé d'une seule voix.

— C'est vrai, répondit Duguesclin, et j'y avais bien pensé.

Les chefs firent un signe de tête qui voulait dire qu'ils lui savaient gré de cette prévision.

— Mais, ajouta Duguesclin, vous en aurez après la première bataille.

— Encore faut-il vivre jusque-là, reprit le Vert Chevalier, et donner une paye quelconque à nos soldats.

— A moins, dit Caverley, que nous ne continuions à vivre sur le paysan français. Mais ces cris, ces diables de paysans crient toujours, ces cris écorcheraient les oreilles de notre illustre connétable. D'ailleurs, à quoi bon devenir capitaine honnête, si l'on pille comme lorsque l'on était aventurier?

— Excessivement juste, dit Duguesclin.

— J'ajouterai, dit Claude l'Écorcheur, autre drôle tout à fait digne de hurler avec de pareils loups et qui passait pour moins féroce que Caverley, mais pour cent fois plus traître et plus pillard, j'ajouterai, dis-je, que nous voilà les alliés de monseigneur le roi de France, puisque nous allons venger la mort de sa belle-sœur, et que nous serions indignes de cet honneur, honneur inappréciable pour de simples aventuriers comme nous, si nous ne cessions pas, momentanément du moins, de ruiner le peuple de notre royal allié.

— Judicieux et profond, répondit Duguesclin ; mais proposez-moi un moyen d'avoir de l'argent.

— Ce n'est pas notre affaire d'avoir de l'argent, dit Hugues de Caverley, notre affaire est de le recevoir.

— Il n'y a rien à répondre à cela, dit Duguesclin, et le docteur ne serait pas meilleur logicien que vous, sir Hugues ; mais voyons, que demandez-vous ?

Les chefs s'entre-regardèrent et parurent se parler des yeux, puis chacun remit sans doute à Caverley le soin de l'intérêt général, car Caverley reprit :

— Nous serons raisonnables, messire connétable, foi de capitaine !...

A cette promesse et à cette adjuration, Duguesclin sentit un frisson qui lui parcourut tout le corps.

— J'attends, dit-il, parlez.

— Eh bien ! reprit Caverley, que monseigneur Charles V nous paye seulement un écu d'or par homme jusqu'à ce que nous soyons en pays ennemi. Ce n'est pas beaucoup certainement, mais nous prenons en considération que nous avons l'honneur d'être ses alliés, et nous serons modestes par égard pour ce digne prince. Nous avons comme qui dirait cinquante mille soldats

— A peu près, dit Duguesclin.

— Un peu plus, un peu moins.

— Un peu moins, je crois.

— N'importe, dit Caverley, nous nous engageons à faire avec ce que nous avons ce que d'autres feraient avec cinquante mille. C'est donc exactement comme si nous les avions.

— Alors c'est cinquante mille écus d'or, dit Bertrand.

— Oui, pour les soldats, reprit Caverley.

— Eh bien? demanda Duguesclin.

— Eh bien! restent les officiers.

— C'est juste, dit le connétable, j'oubliais les officiers, moi. Eh bien! combien leur donnerez-vous aux officiers?

— Je pense, dit le Vert Chevalier, craignant sans doute que Caverley ne fît quelques estimations au-dessous de sa valeur, je pense que ces braves gens, qui sont pour la plupart des hommes exercés et prudents, valent bien cinq écus d'or par tête; songez qu'ils ont presque tous varlets, écuyers et cousteliers, de plus trois chevaux.

— Peste! dit Bertrand, voilà des officiers mieux servis que ceux du roi mon maître.

— Nous tenons à cela, dit Caverley.

— Et vous dites cinq écus d'or par chaque homme?

— Ce qui est le plus bas prix que l'on puisse, à mon avis, réclamer pour eux. J'allais en demander six, moi, mais puisque le Vert Chevalier a fait un prix, je ne le démentirai point et je passerai par ce qu'il a dit.

Bertrand les regarda et se crut encore une fois aux prises avec ces hommes juifs chez lesquels son maître l'avait parfois envoyé négocier de petits emprunts.

— Coquins maudits, pensa-t-il en prenant son plus gracieux sourire, comme je vous ferais brancher tous si j'étais le plus fort !

Puis tout haut :

— Messieurs, je viens de réfléchir, comme vous l'avez vu, à votre demande, puisque j'ai tardé un instant à vous répondre, et le prix de cinq écus d'or par officier ne me paraît point exagéré.

— Ah ! ah ! fit le Vert Chevalier, étonné de la facilité de Duguesclin.

— Et combien avez-vous d'officiers ? demanda messire Bertrand.

Caverley leva le nez en l'air, puis regarda ses amis, et tous se parlèrent de nouveau des yeux.

— Moi, j'en ai mille, dit Caverley.

Il doublait le chiffre.

— Moi, huit cents, dit le Vert Chevalier.

Il doublait comme son collègue.

— Moi, mille, dit Claude l'Écorcheur.

Celui-là triplait.

Les autres imitèrent ce généreux exemple, et la somme des officiers fut portée à quatre mille.

— Voici un officier pour onze soldats, dit Duguesclin avec admiration. Jarni-Dieu ! quelle magnifique armée cela va faire ! et quelle discipline il doit y avoir là dedans !

— Oui, dit modestement Caverley, le fait est que c'est assez bien mené.

— Cela nous fait donc vingt mille écus, dit Bertrand.

— D'or, fit observer le Vert Chevalier.

— Pardieu ! reprit le connétable, vingt mille écus d'or, disons-nous ; lesquels, joints aux cinquante mille accordés, font soixante et dix mille.

— Le fait est que c'est le compte à un carolus près, dit le Vert Chevalier, qui admirait la facilité avec laquelle le connétable additionnait.

— Mais..., reprit Caverley.

Bertrand ne lui laissa pas le temps d'achever sa phrase.

— Mais, dit-il, je comprends, nous oublions les chefs.

Caverley ouvrit de grands yeux. Non-seulement Bertrand faisait droit à ses objections, mais il allait au-devant.

— Vous vous oubliez vous-mêmes, continuat-il ; noble désintéressement ! mais je ne vous oubliais pas, moi, messieurs. Or çà, comptons. Vous êtes dix chefs, n'est-ce pas ?

Les aventuriers comptèrent après Duguesclin. Ils avaient bonne envie d'en trouver vingt, mais il n'y avait pas moyen.

— Dix chefs, répétèrent-ils.

Caverley, le Vert Chevalier et Claude l'Écorcheur se remirent à chercher au plafond.

— Ce qui fait, reprit le connétable, à trois mille écus d'or par chef, trente mille écus d'or, n'est-ce pas ?

A ces mots, éblouis, suffoqués, éperdus par tant de munificence, les chefs se levèrent, et aussi heureux de la somme énorme à laquelle ils étaient évalués que de l'évaluation faite de leur mérite, laquelle les faisait trois mille fois supérieurs à leurs soldats, ils levèrent leurs gigantesques épées, firent voler les casques en l'air et hurlèrent plutôt qu'ils ne crièrent.

— Noël ! Noël ! Montjoie et liesse au bon connétable !

— Ah ! brigands, murmura celui-ci en baissant hypocritement les yeux, comme si les acclamations des aventuriers lui allaient au cœur, je vous mènerai, avec l'aide du Seigneur et de Notre-Dame du Mont-Carmel, en un lieu d'où pas un de vous ne reviendra.

Puis tout haut :

— Total, cent mille écus d'or, au moyen desquels nous arriverons au solde de tous nos comptes.

— Noël ! Noël ! répétèrent les aventuriers au comble de l'enthousiasme.

— Maintenant, messieurs, dit Duguesclin, vous avez ma parole de chevalier que la somme vous sera comptée avant d'entrer en campagne. Seulement vous comprenez, vous ne l'aurez pas tout de suite ; je ne porte pas avec moi le trésor royal.

— C'est juste, dirent les chefs encore trop joyeux pour être déjà bien exigeants.

— Vous faites donc crédit au roi de France, messieurs, sur la parole de son connétable, c'est convenu ; et, dit-il, relevant la tête avec son grand air qui faisait trembler les plus braves, la parole est bonne ; mais en loyaux soldats, nous allons partir, et si au moment d'entrer en Espagne l'argent n'est point arrivé, eh bien ! messieurs, vous aurez deux garanties, votre liberté d'abord que je vous rends, et ensuite un prisonnier qui vaut bien cent mille écus d'or.

— Lequel ? demanda Caverley.

— Moi donc, jarni Dieu ! répondit Duguesclin, tout pauvre que je suis. Car lorsque les femmes de mon pays devraient filer nuit et jour pour me faire cent mille écus de rançon, je vous promets, moi, que la rançon serait faite.

— C'est dit, répliquèrent d'une voix commune les aventuriers, et ils touchèrent tous la main du connétable en signe d'alliance.

— Quand partons-nous ? demanda le Vert Chevalier.

— Tout de suite si vous voulez, messieurs.

— Tout de suite, répéta Hugues. En effet, messieurs, puisqu'il n'y a plus à tondre ici, j'aime mieux que nous soyons promptement ailleurs.

Chacun courut aussitôt à son poste et fit élever sa bannière au-dessus de sa tente, les tambours battirent et un immense mouvement se fit par tout le camp, et l'on vit affluer de nouveau vers les tentes principales ces soldats qui étaient accourus à l'arrivée de Duguesclin, puis, semblables aux flots de la marée, s'en étaient retournés au large.

Deux heures après, les tentes étaient abattues

et les bêtes de somme ployaient sous le fardeau ; les chevaux hennissaient et les lances se groupaient aux rayons du soleil qui en faisait jaillir de larges éclairs.

Cependant, on voyait fuir sur les deux bords de la rivière les paysans longtemps en esclavage et qui, rendus un peu tardivement à la liberté, ramenaient à leurs chaumières désertes leurs femmes et leurs meubles un peu endommagés.

Vers midi, l'armée se mit en marche, descendant la Saône et formant deux colonnes dont chacune suivait une rive. On eût dit une de ces migrations de barbares qui allaient accomplir une de ces missions terribles auxquelles le Seigneur les avait destinés et marchaient sur les pas d'un de ces fléaux de Dieu que l'on nommait Alaric, Genseric ou Attila.

Et cependant celui sur les pas duquel ils marchaient, était le bon connétable Bertrand Duguesclin qui, derrière sa bannière, pensif, la tête baissée entre ses larges épaules, se disait en cheminant au pas de son robuste cheval :

— Cela va bien, pourvu que cela dure. Mais l'argent où l'aurai-je? et si je ne l'ai pas, comment le roi assemblera-t-il une armée assez forte our fermer le retour à ces brigands qui redescendront des Pyrénées plus affamés que jamais?

Abîmé dans ces pensées lugubres, le bon chealier allait toujours se retournant de temps en emps, pour voir rouler autour de lui les flots igarrés et bruyants de cette multitude, et sa ervelle ingénieuse travaillait à elle seule plus que les cinquante mille cerveaux des aventuriers.

Et Dieu sait cependant ce que chacun d'eux rêvait, se croyant déjà pour son compte maître et seigneur de l'Inde ; rêves d'autant plus exagérés, que la contrée était encore à peu près inconnue.

Tout à coup, au moment où le soleil glissait sous la dernière lame orange des nuages de l'horizon, les chefs. qui marchaient derrière le bon chevalier et qui commençaient à s'étonner de sa taciturnité, le virent relever la tête, secouer ses épaules comme un vainqueur, et on l'entendit crier à ses varlets :

— Holà ! Jacelard ! holà ! Berniquet ! un coup de vin et du meilleur que vous ayez dans vos équipages.

Puis, il murmura dans sa visière :

— Par Notre-Dame d'Auray, je crois que je t'ens les cent mille écus, et cela, sans faire tort en aucune chose au bon roi Charles.

Puis, se retournant vers les chefs des aventuriers, qui n'avaient pas été sans inquiétude en voyant depuis le milieu de la journée le connétable si soucieux :

— Jarni Dieu ! messieurs, dit-il de sa voix sonore, si nous trinquions un petit coup ?

C'était un appel auquel les aventuriers n'avaient garde de manquer ; aussi accoururent-ils, et vida-t-on de ce coup un joli broc de vin de Châlons à la santé du roi de France.

II

L'armée marchait toujours.

Comme tout chemin mène à Rome, à plus forte raison le chemin d'Avignon mène-t-il en Espagne.

Les aventuriers suivaient donc avec confiance le chemin d'Avignon.

C'est là que tenait sa cour le pape Urbain V, qui, bénédictin d'abord, puis abbé de Saint-Germain d'Auxerre et prieur de Saint-Victor de Marseille, avait été élu pape à la condition qu'il ne troublerait en rien dans leur béatitude terrestre les cardinaux et les princes romains, condition qu'il s'était empressé de suivre aussitôt son élection, dans toute sa bénigne rigidité, et grâce à laquelle il comptait se faire des droits à mourir le plus tard possible en odeur de sainteté, ce à quoi il réussit.

On se rappelle que le successeur de saint Pierre avait été touché des plaintes du roi de France à l'endroit des grandes compagnies, et qu'il avait excommunié ces grandes compagnies, chef-d'œuvre de politique dont le roi Charles V, dans

son intelligente prévision de l'avenir, avait fait
sentir à Duguesclin le côté désagréable, ce qui,
depuis l'entrevue du prince avec son connétable,
avait laissé dans l'esprit de ce dernier un vif désir
de remettre les choses dans leur état normal.

Or, cette idée illuminatrice qui était venue à
Bertrand sur la grande route de Châlons à Lyon
par ce beau coucher de soleil dont nous n'avons
dit qu'un seul mot, préoccupé que nous étions
nous-même par la taciturnité du bon connétable, c'était d'aller avec ses cinquante mille aventuriers, plus ou moins, comme avait dit Caverley, rendre une visite au pape Urbain V.

Cela tombait d'autant mieux qu'à mesure que
les aventuriers approchaient des Etats de ce
pontife, à qui, quelque inoffensive qu'eût été
l'excommunication, ils n'en avaient pas moins
gardé rancune. ils sentaient se réveiller leurs
instincts belliqueux et féroces.

Il y avait aussi, en vérité, trop de temps
qu'ils étaient sages.

Quand on fut arrivé à deux lieues de la ville,
Bertrand ordonna une halte, rassembla les chefs
et leur commanda d'élargir le front de leur
troupe de manière à ce qu'un front imposant
ceignît la ville, en formant un arc immense dont
le fleuve serait la corde.

Puis. montant à cheval avec une douzaine
d'hommes d'armes et de cavaliers français qui
formaient sa suite, il alla se présenter à la porte
de Vaucluse, demandant à parler au souverain
pontife.

Urbain, sentant venir cette foule de brigands comme on voit venir une inondation, avait réuni son armée, composée de deux ou trois mille hommes, et, connaissant toute la valeur de son arme principale, il se disposait à appliquer un coup suprême des clefs de saint Pierre sur la tête des aventuriers.

Mais il faut le dire, le fond de sa pensée était que les brigands, éperdus de leur excommunication, venaient lui demander grâce et lui offrir de racheter leurs péchés par quelque nouvelle croisade, se fiant à leur nombre et à leur force pour faire valoir l'humilité de leur soumission.

Il vit accourir le connétable avec un empressement qui le surprit beaucoup. Justement en ce moment même il dînait sur sa terrasse, tout ombragée d'orangers et de lauriers-roses, en compagnie de son frère le chanoine Auglie Grinvald, promu par lui à l'évêché d'Avignon, l'un des principaux siéges de la chrétienté.

— Vous, messire Bertrand Duguesclin ! s'écria le pape. Vous! êtes-vous donc avec cette armée qui nous arrive tout à coup sans que nous sachions d'où elle vient et pour quelle chose elle vient?

— Hélas ! très-saint père, hélas! je la commande, dit le connétable en s'agenouillant.

— Alors, je respire, dit le pape.

— Oh ! oh ! moi aussi, ajouta Auglie en dilatant sa poitrine par un large et joyeux soupir.

— Vous respirez, très-saint père ! dit Bertrand.

Et il poussa à son tour un soupir triste et pénible comme s'il eût hérité de l'oppression pontificale.

— Et pourquoi respirez-vous? continua-t-il.

— Je respire parce que je connais leurs intentions.

— Je ne crois pas, dit Bertrand.

— Avec un chef comme vous, connétable, avec un homme qui respecte l'Eglise!

— Oui, très-saint père. oui, je respecte l'Eglise, dit le connétable.

— Eh! donc. cher fils, soyez le bienvenu alors. Mais que me veut cette armée, voyons?

— Avant tout, dit Bertrand, éludant la question et retardant l'explication autant qu'il est en son pouvoir. avant tout, Votre Sainteté apprendra avec plaisir, je n'en doute pas, qu'il s'agit d'une rude guerre contre les infidèles.

Urbain V jeta à son frère un coup d'œil qui voulait dire :

— Eh bien! je me suis trompé?

Puis, satisfait de cette nouvelle preuve de cette infaillibilité qu'il venait de se donner à lui-même, il se retourna vers le connétable.

— Contre les infidèles, mon fils? dit-il avec onction.

— Oui, très-saint père.

— Et contre lesquels. mon fils?

— Contre les Mores d'Espagne.

— C'est une salutaire pensée, connétable, et digne d'un héros chrétien, car je présume que c'est vous qui l'avez eue.

— Moi et le bon roi Charles V, très-saint père, répondit Bertrand.

— Vous en partagerez la gloire, et Dieu saura faire la part de la tête qui l'a conçue et du bras qui l'a exécutée. Ainsi votre but...

— Notre but, et Dieu permette qu'il soit atteint! notre but est de les exterminer, très-saint père, et de consacrer la majeure partie de leurs dépouilles à la glorification de la religion catholique.

— Mon fils, embrassez-moi, dit Urbain V touché jusqu'au cœur, et pénétré d'admiration pour la vaillante épée qui se mettait ainsi au service de l'Eglise.

Bertrand récusa un si grand honneur et se contenta de baiser la main de Sa Sainteté.

— Mais, reprit le connétable après une pause d'un instant, vous ne l'ignorez pas, très-saint père, ces soldats que je commande, et qui vont à un pèlerinage si héroïque, ces soldats sont les mêmes que Sa Sainteté a cru devoir excommunier il n'y a pas longtemps.

— J'avais raison en ce temps-là, mon fils, et je crois même qu'en ce temps-là vous avez été de mon avis.

— Votre Sainteté a toujours raison, dit Bertrand, éludant l'apostrophe ; mais enfin, ils sont excommuniés, et je ne vous cacherai pas, très-saint père, que cela fait un détestable effet à l'égard de gens qui vont combattre pour la religion chrétienne.

— Mon fils, dit Urbain en vidant lentement

son verre rempli d'un monte-pulciano doré qu'il affectionnait par-dessus tous les vins et par-dessus même ceux qui poussent sur les coteaux du beau fleuve dont les eaux baignent les murs de sa capitale, mon fils, l'Eglise, telle que je la veux, n'est pas, vous le savez bien, intolérante ni implacable; à tout péché miséricorde, surtout quand le pécheur se repent avec sincérité, et si vous, un des piliers de la foi, vous vous portez garant de leur retour à l'orthodoxie.

— Oh! certes oui, très-saint père.

— Alors, dit Urbain, je révoquerai l'anathème, et je consentirai à laisser peser sur eux seulement une partie du poids de ma colère, pleine d'indulgence, comme vous le voyez, mon fils, continua le pape en souriant.

Bertrand se mordit les lèvres en songeant à quel point Sa Sainteté s'enfonçait de plus en plus dans l'erreur.

Urbain continua avec une voix pleine de mansuétude et qui cependant n'était pas exempte de cette fermeté qui sied bien à celui qui pardonne, mais qui, tout en pardonnant, sait la gravité de l'offense qu'il veut bien oublier:

— Vous comprenez, mon cher fils, ces gens-là ont amassé des richesses impies, et, comme le dit l'Ecclésiaste :

Omne malum in pravo fœnore.

— Je ne sais point l'hébreu, très-saint père, répondit Bertrand avec humilité.

— Aussi vous parlais-je en simple langue latine, mon fils, répondit en souriant Urbain V ; mais j'oubliais que les guerriers ne sont pas des bénédictins. Voici donc la traduction des paroles que je vous ai dites, et qui, vous le verrez, s'adaptent merveilleusement à la situation : « Toute calamité est contenue dans un bien mal acquis. »

— Que c'est beau ! dit Duguesclin, souriant dans sa barbe épaisse du tour que le proverbe allait peut-être jouer à Sa Sainteté.

— Donc, continua Urbain, j'ai bien décidé, et cela par égard pour vous, mon fils, pour vous seul, je le jure, que ces mécréants, car ce sont des mécréants, croyez-moi, bien qu'ils se repentent, que ces mécréants, dis-je, souffriraient une dîme sur leurs biens, et moyennant ce dommage seraient relevés de leur excommunication. Maintenant, vous le voyez, quoique j'agisse spontanément et sans même être pressé par vous, vantez-leur bien la faveur que je leur fais, cher fils, car elle est immense.

— Elle est immense, en effet, répondit Bertrand agenouillé, et je doute qu'ils la reconnaissent comme elle mérite de l'être.

— N'est-ce pas ? reprit Urbain. Eh bien ! voyons, mon fils, à quelle somme allons-nous fixer la dîme du rachat ?

Et Urbain se tourna, comme pour l'interroger sur cette délicate et grave question, vers son frère, qui apprenait là mollement son métier de pape futur.

— Très-saint père, répondit Auglie en se renversant dans son fauteuil et en secouant la tête, il faudra bien de l'or temporel pour compenser la douleur de vos foudres spirituelles.

— Sans doute, sans doute, reprit Urbain, mais nous sommes clément, et il faut le dire, tout nous invite à la clémence. Le ciel est si beau dans ce pays d'Avignon, l'air est si pur quand le mistral veut bien laisser oublier qu'il existe dans les cavernes du mont Ventoux, que tous ces bienfaits du Seigneur annoncent aux hommes la miséricorde et la fraternité. Oui, ajouta le pape en tendant une coupe d'or à un jeune page vêtu de blanc, qui la remplit aussitôt, oui, les hommes sont bien décidément frères.

— Permettez, très-saint père, dit alors Bertrand, j'ai oublié de dire à Votre Sainteté en quelle qualité j'étais venu ici. Je suis venu en qualité d'ambassadeur de ces braves gens dont il s'agit.

— Et comme tel, vous nous demandez notre indulgence, n'est-ce pas?

— D'abord, oui, très-saint père, votre indulgence est toujours une excellente chose pour nous autres pauvres soldats qui pouvons être tués d'un moment à l'autre.

— Oh! cette indulgence-là, vous l'avez, mon fils. Nous voulions parler de notre miséricorde, ou de notre pardon, si vous l'aimez mieux.

— Nous y comptons bien aussi, très-saint père.

— Oui; mais vous savez à quelles conditions nous pouvons vous l'accorder.

— Hélas ! reprit Duguesclin, condition inacceptable, souverain pontife ; car Votre Sainteté oublie ce que l'armée va faire en Espagne.

— Ce qu'elle va faire en Espagne ?...

— Oui, très-saint père, je croyais vous avoir dit qu'elle allait combattre pour l'Eglise chrétienne.

— Eh bien ?

— Eh bien ! elle a droit, partant pour cette mission sainte, non-seulement à tout pardon et à toute indulgence de Votre Sainteté, mais encore à son aide.

— Mon aide ! messire Bertrand, répondit Urbain, qui commençait à prendre une certaine inquiétude ; qu'entendez-vous par ces paroles, mon fils ?

— J'entends, très-saint père, que le siége apostolique est généreux, qu'il est riche, que la propagation de la foi lui sert beaucoup et qu'il peut payer pour son intérêt.

— Çà, que dites-vous là, messire Bertrand ? interrompit Urbain, se soulevant sur son fauteuil avec une colère mal dissimulée.

— Sa Sainteté m'a parfaitement compris, je le vois, répliqua le connétable en se relevant et en brossant ses genoux.

— Non pas ! s'écria le pape, qui au contraire tenait à ne pas comprendre, non pas, expliquez-vous.

— Voici, très-saint père : les illustres soldats, un peu mécréants, c'est vrai, mais fort repentants, que vous voyez d'ici, nombreux comme les feuilles des forêts et comme les sables de la mer, la comparaison est tirée des livres saints, je crois, les illustres soldats que vous voyez d'ici, dis-je, sous les ordres du seigneur Hugues de Caverley, du Chevalier Vert, de Claude l'Écorcheur, du Bègue de Vilaine, d'Olivier, de Mauny et autres valeureux chevaliers, attendent de Votre Sainteté un subside pour entrer en campagne. Le roi de France a promis cent mille écus d'or; c'est un prince très-chrétien et qui mérite d'être canonisé certainement, ni plus ni moins qu'un pape. Or, Votre Sainteté, qui est la clef de voûte de la chrétienté, pourra bien donner deux cent mille écus, par exemple.

Urbain fit un nouveau bond sur son fauteuil. Mais cette élasticité dans les muscles du saint-père, élasticité qui ne pouvait venir que d'une surexcitation nerveuse, ne déconcerta point Bertrand, qui resta dans la même attitude respectueuse mais ferme.

— Messire, dit Sa Sainteté, je vois qu'on se gâte dans la société de brigandeaux, et certaines gens que je ne nommerai pas et qui ont joui jusqu'à présent des faveurs du saint-siége eussent été mieux payés selon leur mérite, à ce qu'il me semble, s'ils en eussent subi les rigueurs.

Ce mot terrible, dont le pape attendait un grand effet, laissa, au grand étonnement d'Urbain V, le connétable impassible.

— J'ai, continua le saint-père, six mille soldats.

Bertrand remarqua à part lui qu'Urbain V

mentait juste de moitié comme Hugues de Caverley et le Chevalier Vert, ce qui lui parut, malgré l'urgence de la situation, un peu bien hasardé pour un pape.

— J'ai six mille soldats dans Avignon et trente mille habitants en état de porter les armes.

Cette fois Urbain ne mentait que d'un tiers.

— En état de porter les armes ; la ville est fortifiée ; et puis, n'y eût-il ni rempart, ni fossés, ni piques. j'ai la tiare de saint Pierre au front, et j'arrêterai seul, avec l'invocation de Dieu, des barbares moins courageux que n'étaient les soldats d'Attila que le pape Léon arrêta devant Rome.

— Eh ! très-saint père, réfléchissez-y. Les armes spirituelles et temporelles réussissent mal aux vicaires du Christ contre les rois de France, qui sont les fils aînés de l'Église. Témoin votre prédécesseur Boniface VIII, qui reçut, Dieu me garde d'excuser une pareille audace ! qui reçut, dis-je, un soufflet de Colonna, et qui mourut en prison après s'être dévoré les poings. Vous voyez déjà à quoi l'excommunication vous a servi, uisque ceux que vous avez excommuniés, au ieu de fuir et de se disperser, se sont réunis au ontraire pour vous venir demander pardon à ain armée. Quant aux armes temporelles, c'est ien peu de chose que six mille soldats et vingt ille bourgeois inhabiles ; en tout vingt-six ille hommes, et encore en comptant chaque ourgeois comme un homme, contre cinquante ille guerriers éprouvés, ne craignant ni Dieu

ni diable, et beaucoup plus habitués aux papes
que ne l'étaient les soldats d'Attila, qui voyaient
un pape pour la première fois ; c'est à ce dernier
point surtout que je supplie Sa Sainteté de pen-
s 'r avant qu'elle ne se présente aux aventuriers.

— Ils oseraient! s'écria Urbain l'œil étince-
lant de colère.

— Saint-père, je ne sais ni s'ils oseraient, ni
ce qu'ils oseraient ; mais ce sont des gaillards
bien hardis.

— L'oint du Seigneur ! les malheureux!... des
chrétiens !...

— Permettez, permettez, très-saint père; ce
ne sont point des chrétiens, ce sont des excommuniés... Que voulez-vous qu'ils ménagent, ces
gens-là ?... Ah ! s'ils n'étaient pas excommuniés,
ce serait autre chose ; ils pourraient craindre
l'excommunication ; mais maintenant, ils ne
craignent rien.

Plus l'argument était fort, plus croissait la colère du pape ; il se leva tout à fait et marcha vers
Bertrand.

— Vous qui me donnez cet avis étrange, lui
dit-il, vous vous croyez donc bien en sûreté
ici?

— Moi, dit Bertrand avec une tranquillité qui
eût démoralisé saint Pierre lui-même, je sui
bien plus en sûreté ici que Votre Sainteté elle
même, car en admettant, ce que je ne suppos
pas, qu'il m'arrive quelque malheur, je puis ré
pondre d'avance qu'il ne resterait pas pierre su
pierre de la bonne ville d'Avignon, ni du magni

fique palais que vous venez de faire bâtir, si solide qu'il soit. Oh! ce sont de fiers démolisseurs que ces coquins-là, et qui vous émiettent une forteresse en aussi peu de temps qu'il en faudrait à une armée régulière pour renverser une bicoque; puis ils ne se borneraient point là : après avoir passé de la ville au château, ils passeraient du château à la garnison, et de la garnison aux bourgeois, et il ne resterait pas os sur os de vos trente mille hommes, ce qui ferait bien des âmes perdues par la faute de Votre Sainteté; aussi, sachant combien Votre Sainteté est prudente, je me trouve plus en sûreté ici que dans mon camp.

— Eh bien! s'écria le pape furieux et rongeant le frein que lui mettait le connétable; eh bien! je persiste; j'attendrai.

— En vérité, très-saint père, dit Bertrand, je vous jure ma foi de gentilhomme que je ne reconnais pas Votre Sainteté à ce refus; j'étais convaincu, moi, je me trompais à ce que je vois, j'étais convaincu que Votre Sainteté irait au-devant du sacrifice que la foi lui commande, et que, suivant l'exemple donné par le bon roi Charles V, les deux cent mille écus seraient offerts par le saint-siége apostolique. Croyez-moi, très-saint père, ajouta le connétable en prenant un air très-peiné, c'est bien douloureux pour un bon chrétien comme moi de voir le premier prince de l'Eglise refuser son assistance à une pieuse entreprise comme celle que nous poursuivons; jamais ces dignes chefs ne voudront le croire.

Et saluant plus humblement que jamais Urbain V, stupéfait de l'événement inattendu auquel il allait falloir faire face, le connétable sortit presque à reculons de la terrasse, descendit l'escalier, et retrouvant à la porte du palais sa suite, qui commençait à n'être pas sans inquiétude sur son compte, il reprit le chemin du camp.

III

COMMENT MONSEIGNEUR LE LEGAT VINT AU CAMP DES AVENTURIERS ET COMMENT IL Y FUT REÇU.

Duguesclin, de retour au camp, commença de comprendre qu'il éprouverait de grandes difficultés à mettre à exécution le beau plan qu'il avait conçu et qui était destiné à atteindre trois grands résultats : payer les aventuriers, subvenir aux frais de la campagne et aider le roi à finir l'hôtel Saint-Paul, pour peu que le pape Urbain demeurât dans les dispositions où il l'avait trouvé.

L'Eglise est opiniâtre. Charles V était scrupuleux. Il ne fallait pas se brouiller avec son maître sous prétexte de le servir ; il ne fallait pas, au commencement d'une campagne, donner prise aux superstitions qui, dès les premiers revers que l'on essuierait, ne manqueraient pas d'attribuer ces revers à l'irréligion du général et aux prières vengeresses du souverain pontife.

Mais Duguesclin était Breton, c'est-à-dire plus entêté à lui seul que tous les papes passés et à venir. Il avait d'ailleurs, pour justifier son entêtement, la nécessité, cette inflexible déesse que l'antiquité a représentée un coin de fer à la main.

Il résolut donc de poursuivre son dessein, quitte à prendre ensuite conseil des circonstances et à poursuivre ou s'arrêter selon le mode dans lequel les circonstances se dérouleraient.

En conséquence il fit armer ses gens, commanda ses chariots, ordonna que ses Bretons, arrivés deux jours auparavant, sous la conduite d'Olivier de Mauny et du Bègue de Vilaine, se dirigeraient vers Villeneuve, si bien que du haut de sa terrasse, qu'il n'avait point quittée, le saint-père vit le grand cordon bleuâtre se dérouler comme un serpent d'azur auquel le soleil couchant jetait à différentes parties de ses spirales un reflet plus chaud que l'or et plus sinistre que les éclairs de l'anathème papal.

Urbain V était presque aussi bon général qu'excellent moine. Il n'eut point besoin d'appeler son capitaine général pour comprendre que ce serpent n'avait qu'un pas à faire pour enfermer Avignon dans sa courbe.

— Oh! oh! dit-il à son légat, en suivant d'un

œil inquiet cette manœuvre, ils deviennent bien insolents, ce me semble.

Et voulant voir si les grandes compagnies et les chefs de ces grandes compagnies étaient en effet aussi courroucés que l'avait dit Duguesclin, le pape Urbain V, sans autre plan que de s'assurer de l'état de leur esprit, envoya son légat au général en chef.

Le légat n'avait point assisté à l'entretien qui avait eu lieu entre lui et Duguesclin. Il ignorait donc que Duguesclin réclamât autre chose qu'un adoucissement à l'excommunication lancée contre les grandes compagnies. ignorance qui lui donnait cette conviction qu'il en serait quitte avec quelques indulgences et quelques bénédictions.

Il partit donc, monté sur sa mule et accompagné du pâle sacristain. son acolyte.

Nous l'avons dit. le légat n'était prévenu de rien. Le pape avait jugé que communiquer ses craintes à un ambassadeur, c'est diminuer la confiance qu'il doit avoir dans la puissance de son maître. Aussi vit-on le légat s'avancer radieusement superbe entre la ville et le camp. jouissant par avance des génuflexions et des signes de croix qui allaient l'accueillir à son entrée.

Mais Duguesclin, en diplomate habile, avait placé à la garde du camp les Anglais, gens peu zélés pour les intérêts du pape, avec lequel depuis plus de cent ans déjà ils étaient en discussion. et il avait eu de plus la précaution de causer avec eux pour leur faire une opinion selon ses vues.

— Veillez bien, camarades, avait-il dit à son retour du camp. Il serait possible que Sa Sainteté nous envoyât quelques compagnies de ses hommes d'armes. Je viens d'avoir un petit démêlé avec Sa Sainteté à cause de certaine politesse que, selon moi, il nous devait en échange de la fameuse excommunication qu'il a lancée sur nous. Je dis sur nous. car du moment où vous êtes devenus mes soldats, je me regarde comme excommunié aussi et voué à l'enfer ni plus ni moins que vous. Or. Sa Sainteté est incroyable, foi de connétable! Sa Sainteté nous refuse cette politesse...

A cette péroraison inattendue, les Anglais frémirent comme ces dogues dont le maître s'amuse à exercer la colère.

— Bien! bien! dirent-ils, que le pape se frotte à nous, et il verra qu'il a affaire à de véritables excommuniés!

Duguesclin, à cette réponse, les avait jugés suffisamment instruits et était passé dans le camp des Français.

— Mes amis, avait-il dit, il serait possible que vous vissiez venir quelque envoyé du pape. Le souverain pontife, croyez-vous cela? le souverain pontife, à qui nous avons donné Avignon et le comtat, me refuse l'assistance que je lui demandais pour notre bon roi Charles V, et je vous avouerai, cela dût-il me faire tort dans votre esprit, que nous venons de nous quereller un peu. Dans cette querelle, que j'ai peut-être eu tort de soulever, votre conscience en jugera, dans cette querelle, le souverain pontife a eu la maladresse de me dire que si les armes spirituelles ne suffisaient pas, il aurait recours aux armes temporelles... Vous m'en voyez encore tout dépité !

Les Français, pour qui c'était déjà au quatorzième siècle, à ce qu'il paraît, une piètre renommée que celle des soldats du pape, se contentèrent de répondre par de grands éclats de rire au petit discours de Duguesclin.

— Bon ! dit le connétable, ceux-ci le hueront, et c'est toujours un bruit désagréable que celui des huées. A mes Bretons maintenant, pour ceux-là ce sera plus difficile.

En effet, les Bretons, et surtout les Bretons de ce temps-là, gens dévots jusqu'à l'ascétisme, pouvaient craindre de se brouiller avec le souverain pontife.

Aussi Duguesclin, pour les prévenir tout d'abord en sa faveur, entra-t-il chez eux avec un visage complétement bouleversé. Ses soldats l'adoraient non-seulement comme leur compatriote, mais encore comme leur père, car il n'était pas un seul d'entre eux qui ne connût le connétable personnellement par quelques services rendus, et beaucoup d'entre eux même avaient été sauvés par lui, soit de la captivité, soit de la mort, soit de la misère.

A la vue de ce visage qui indiquait, comme nous l'avons dit, une consternation profonde, les enfants de la vieille Armorique se pressèrent autour de leur héros.

— Oh ! mes enfants, s'écria Duguesclin, vous me voyez désespéré. Croiriez-vous que non-seulement le pape maintient son excommunication contre les grandes compagnies, mais encore qu'il l'étend à ceux qui se joignent à elles pour venger la mort de la sœur de notre bon roi Charles. De sorte que nous, dignes et loyaux chrétiens, nous voilà devenus des mécréants, des chiens, des loups, à qui tout le monde peut courir sus. Le souverain pontife est fou, sur mon âme !

Les Bretons firent entendre un long murmure.

— Il faut dire aussi, continua Bertrand Duesclin, qu'il est tout à fait mal conseillé. Par ui? je l'ignore. Mais ce que je sais, c'est qu'il ous menace de ses chevaliers italiens, et qu'en e moment il est occupé, à quoi? vous ne vous n douteriez pas : à les couvrir d'indulgences our qu'ils nous combattent.

Les Bretons rugirent.

— Et que lui demandais-je cependant, à notre aint-père? le droit de recevoir la communion tholique et la sépulture chrétienne. C'est bien moins pour des gens qui vont combattre les fidèles. Maintenant, mes enfants, voilà où nous sommes. Je l'ai quitté là-dessus. Je ne sais as quel est votre avis, et je me crois aussi bon rétien que personne, mais je déclare que si tre saint-père Urbain V veut faire le roi terrestre avec nous, eh bien! nous aviserons; nous ne pouvons pas cependant nous laisser battre par ces papelins!

Les Bretons bondirent à ces mots avec une telle fureur que ce fut Duguesclin qui fut obligé de les calmer.

C'était en ce moment justement que le légat, sortant par la porte de Loulle et prenant le pont de Bénézet, débouchait dans les premières enceintes du camp. Il était souriant de béatitude.

Les Anglais coururent aux palissades pour le voir, et se croisant les bras avec un flegme insolent:

— Oh! oh! dirent-ils, que nous veut cette mule?

Le sacristain pâlit de colère à cette insulte, et cependant prenant ce ton paterne familier aux membres de l'Eglise:

— Celui-ci, dit-il, est le légat de Sa Sainteté.

— Oh! firent les Anglais, où sont les sacs d'argent? Est-ce que ta mule est de force à les porter? Montrez-nous un peu cela; voyons.

— De l'argent! de l'argent! crièrent les autres d'une seule voix.

Le légat, stupéfait de cet accueil auquel il était loin de s'attendre, regarda le sacristain qui se signait de terreur.

Et ils continuèrent leur marché à travers les rangs des soldats qui répétaient sans fin:

— De l'argent! de l'argent!

Pas un chef ne se montrait: prévenu à l'avance

par Duguesclin, chacun s'était retiré dans sa tente.

Les deux ambassadeurs traversèrent la première ligne qui, nous l'avons dit, était anglaise, et pénétrèrent jusqu'au camp des Français, lesquels, à l'aspect du légat, se précipitèrent au-devant de lui.

Le légat crut que c'était pour lui faire honneur et commençait à se rengorger, lorsqu'au lieu des humbles salutations auxquelles il s'attendait, il entendit éclater de tous les points de grands éclats de rire.

— Eh! bonjour, M. le légat! criait le soldat aussi railleur déjà au quatorzième siècle qu'il l'est de nos jours, est-ce que par hasard Sa Sainteté vous envoie à nous comme un échantillon de sa cavalerie?

— Est-ce avec la mâchoire de la monture de son ambassadeur, disait un autre, que le saint-père compte nous passer au fil de l'épée?

Et chacun, tout en frappant la croupe de la monture de l'ambassadeur à grands coups de houssine, de rire et de goguenarder avec un acharnement et un bruit qui faisaient plus de mal au légat que les réclamations pécuniaires des Anglais. Ceux-ci cependant ne l'avaient point abandonné tout à fait, et quelques-uns l'avaient suivi en criant de toute la force de leurs poumons :

— *Money! Money!*

Ce qui, traduit en français, voulait dire : De l'argent! de l'argent!

Le légat franchit aussi rapidement qu'il le put la seconde ligne.

Alors ce fut le tour des Bretons, mais ceux-ci plaisantaient encore moins que les autres. Ils vinrent au-devant du légat, les yeux étincelants et leurs gros poings serrés, criant de leurs voix formidables :

— Absolution ! absolution !

Et cela de telle sorte qu'au bout d'un quart d'heure, au milieu de tous les cris divers, il était impossible au légat de rien entendre au milieu de cet effroyable vacarme, semblable à celui des flots furieux, du tonnerre grondant, de la bise sifflante et des galets refoulés en craquant sur la côte.

Le sacristain commença de perdre son assurance et de trembler de tous ses membres. Il y avait déjà longtemps que la sueur coulait du front du légat et que cependant ses dents claquaient.

Donc le légat, pâlissant de plus en plus, et commençant à trouver insuffisantes les forces de sa mule, en croupe de laquelle plus d'un railleur français s'était élancé dans le chemin, demanda d'une voix timide :

— Les chefs, messieurs, les chefs ? qui don de vous aurait la bonté de me conduire au chefs ?

Ce fut alors seulement que Duguesclin, en tendant cette voix lamentable, jugea qu'il étai à propos d'intervenir.

Il perça la foule avec ses deux robuste épaules, qui faisaient onduler les hommes au

tour de lui, comme le poitrail du buffle fait
onduler les herbes des savanes et les roseaux
des marais Pontins.

— Ah! ah! dit-il, c'est vous, M. le légat, un
envoyé de notre saint-père; jarni Dieu! quel
honneur pour des excommuniés! Arrière! soldats, arrière! Ah! M. le légat, veuillez donc
entrer dans ma tente. Messieurs, s'écria-t-il
d'une voix fort peu courroucée, qu'on respecte
M. le légat, je vous en prie. Il nous apporte
sans doute quelque bonne réponse de Sa Sainteté. M. le légat, voulez-vous prendre ma main
our que je vous aide à descendre de votre
mule? Là, bien! êtes-vous à terre? C'est cela;
venez maintenant.

En effet, le légat ne se l'était pas fait dire à
deux fois, et, saisissant la robuste main que lui
endait le chevalier breton, il avait sauté à terre
t traversait la foule des soldats des trois nations
ccourus pour le voir, au milieu de contorsions
'épaules, de bouffissures, de rires et de com-
entaires qui faisaient dresser les cheveux sur
a tête du sacristain, bien qu'il n'eût pas le don
es langues, tant chez les mécréants le geste
xpressif suppléait à la parole.

— Quelle société! murmurait le rat d'église,
uelle société!

Une fois dans sa tente, Bertrand Duguesclin
t de grandes révérences au légat et lui demanda
ardon pour ses soldats en termes qui rendirent
n peu de courage au triste ambassadeur.

Alors le légat, se voyant à peu près hors de

péril et sous la sauvegarde de l'honneur du connétable, rappela toute sa dignité et commença une harangue dont le sens était :

Que le pape avait quelquefois une absolution pour les rebelles, mais de l'argent pour personne.

Les autres personnes qui, selon le conseil de Duguesclin, étaient venues peu à peu et étaient entrées les unes après les autres, entendirent cette réponse et ne cachèrent point au légat qu'ils n'en étaient que médiocrement satisfaits.

— Alors, M. le légat, dit Duguesclin, je commence à croire que nous ne pourrons jamais faire d'honnêtes gens de nos soldats.

— Eh bien ! dit le légat, l'idée de la damnation éternelle, à laquelle d'un mot elle a condamné tant d'âmes, a touché Sa Sainteté, attendu que parmi toutes ces âmes il peut y en avoir de moins coupables les unes que les autres, ou qui se repentent sincèrement. Sa Sainteté fera donc en votre faveur un miracle de clémence et de bonté.

— Ah ! ah ! firent les chefs, et lequel ? Voyons un peu le miracle.

— Sa Sainteté, répondit le légat, accordera ce miracle que vous désirez tant.

— Et puis après ? fit Bertrand.

— Eh ! mais, demanda le légat, qui n'avait point entendu parler d'autre chose à Sa Sainteté, n'est-ce pas tout ?

— Mais non, dit Bertrand, mais non, il s'en faut même de beaucoup. Il y a encore la question d'argent.

— Le pape ne m'en a point parlé, et j'ignore complétement cette question, dit le légat.

— Je croyais, reprit le connétable, que les Anglais vous en avaient touché deux mots. Je les ai entendus crier : *Money! money!* cela veut dire : De l'argent! de l'argent!

— Le saint-père n'en a pas. Les coffres sont vides.

Duguesclin se tourna vers les chefs comme pour leur demander si c'était là une réponse suffisante.

Les chefs haussèrent les épaules de pitié.

— Que disent ces messieurs? demanda le légat inquiet.

— Ils disent que le saint-père n'a qu'à faire comme eux.

— Quand cela?

— Quand leurs coffres sont vides.

— Et que font-ils?

— Ils les remplissent.

Et Duguesclin se leva.

Le légat comprit que l'audience était terminée. Une légère rougeur venait de monter aux pommettes brunies du connétable.

Le légat enfourcha sa mule et se prépara à regagner Avignon, dans la compagnie de son sacristain de plus en plus épouvanté.

— Attendez, attendez, dit Duguesclin; attendez, monseigneur. Ne vous en allez pas comme cela tout seul, vous pourriez être écharpé en chemin, et, jarni Dieu! cela me contrarierait.

Le légat fit un soubresaut qui témoignait que si Duguesclin n'avait pas cru à ses paroles, il croyait, lui, aux paroles de Duguesclin.

En effet, le connétable, marchant à côté de la mule que le sacristain conduisait par la bride, reconduisit le légat jusqu'aux limites du camp, sans rien dire lui-même ; mais accompagné de frémissements éloquents, de froissements d'armes si terribles et d'imprécations si menaçantes, que la sortie, bien que protégée par le connétable, parut au pauvre légat beaucoup plus effrayante encore que l'arrivée.

Aussi une fois hors du camp, le légat donna-t-il du talon à sa mule comme s'il eût craint que l'on ne voulût le rattraper.

IV

COMMENT SA SAINTETÉ LE PAPE URBAIN V SE DÉCIDA ENFIN A PAYER LA CROISADE ET A BÉNIR LES CROISÉS.

Le malheureux fugitif n'était pas encore rentré dans Avignon, que Duguesclin, portant ses troupes en avant, achevait de fermer ce cercle terrible qui avait tant effrayé Urbain V, lorsqu'il l'avait vu se former du haut de la terrasse. Dans ce mouvement, Villeneuve la Beguide et Gervasy furent enlevés sans résistance aucune, quoiqu'il

y eût à Villeneuve une garnison de cinq ou six
cents hommes.

Le connétable avait chargé Hugues de Caverley d'opérer le mouvement et de se loger dans
ces villes. Il connaissait leur manière de préparer le gîte, et ne doutait pas de l'impression que
ferait sur les Avignonnais ce commencement
d'entrée en campagne.

En effet, dès le même soir les Avignonnais
purent voir du haut de leurs murailles s'allumer
de grands feux qui avaient quelquefois grand'-
peine à prendre, mais qui finissaient toujours
par flamber que c'était merveille. Peu à peu, en
'orientant et en reconnaissant les points précis
à brûlaient les flammes, ils reconnurent que
'étaient leurs maisons qui brûlaient et leurs oli-
iers qui servaient d'allumettes.

En même temps les Anglais changeaient leurs
ins de Châlons. de Thorins et de Beaune, dont
ls savouraient encore les restes, contre ceux de
ivesaltes, de l'Hermitage et de Saint-Peray, qui
eur parurent plus chauds et plus sucrés.

A la lueur de tous ces feux qui ceignaient la
ille et qui éclairaient les Anglais faisant leurs
réparatifs nocturnes, le pape assembla son con-
il.

Les cardinaux furent bien divisés selon leur
ulume, et même plus encore que d'habitude.
aucoup opinaient pour un redoublement de
vérité qui frappât non-seulement les aventu-
ers, mais encore la France d'une terreur salu-
ire.

3,   4

Mais monseigneur le légat, aux oreilles duquel retentissaient encore les différents cris de l'armée excommuniée, ne cacha point à Sa Sainteté et à son conseil l'impression qu'il en avait reçue.

Le sacristain, de son côté, faisait dans les cuisines du pape le récit des périls qu'il avait courus en compagnie de M. le légat, et auxquels ils n'avaient échappé tous deux que par leur héroïque contenance, qui avait imposé aux Anglais, aux Français et aux Bretons.

Pendant que le marmiton applaudissait au courage de l'enfant de chœur, les cardinaux écoutaient le récit du légat.

— Je suis prêt à donner ma vie pour le service de notre saint-père, disait celui-ci, car je déclare que j'en avais déjà fait le sacrifice, attendu qu'elle n'a jamais été si fort exposée que dan notre ambassade au camp. Je certifie aussi qu" moins d'un ordre précis de Sa Sainteté, qui alor m'enverrait au martyre, martyre auquel je marcherais avec joie si je pouvais penser (mais je n le pense pas) que la foi en reçût quelque encouragement, je ne retournerais pas auprès de ce furieux sans leur porter tout ce qu'ils demandent

— On verra, on verra, dit le pape fort ém et surtout fort inquiet.

— Cependant, Votre Sainteté, dit un des cardinaux ; nous voyons déjà, et très-bien même

— Que voyons-nous ? demanda Urbain.

— Nous voyons flamber une dizaine de maisons de campagne, parmi lesquelles je distingu parfaitement la mienne. Eh! tenez . très-saint père, voilà justement en ce moment même le toit qui s'enfonce.

— Le fait est, dit Urbain, que les choses me paraissent en état d'urgence.

— Et moi, donc, très-saint père, moi qui ai dans mes caves la récolte de six ans. On dit que les mécréants ne se donnent même pas le temps de percer le tonneau, mais le défoncent pour boire à même.

— Moi, dit un troisième, de la bastide duquel la traînée de flammes s'approchait insensiblement, moi je suis d'avis qu'on envoie un ambassadeur au connétable pour le prier, au nom de l'Église, de faire cesser à l'instant même les ravages que ses soldats font sur nos terres.

— Voulez-vous vous charger de cette mission, mon fils? demanda le pape.

— Ce serait avec grand plaisir, Votre Sainteté, mais je suis bien mauvais orateur, et puis e connétable ne me connaît pas, et mieux vaudrait, je crois , lui envoyer une figure qu'il eût éjà vue.

Le pape se tourna vers le légat.

— Je demande le temps de dire mon *in ma- us*, répondit celui-ci.

— C'est juste, dit le pape.

— Mais dépêchez-vous! s'écria le cardinal ont la maison allait brûler.

Le légat se leva, fit le signe de la croix, et t :

— Je suis prêt à marcher au martyre.

— Je vous bénis, dit le pape.

— Mais que leur dirai-je?

— Qu'ils éteignent le feu, et moi j'éteindrai ma colère; qu'ils cessent de brûler, et je cesserai de maudire.

Le légat secoua la tête en homme qui doute fort du succès de sa mission, mais il n'en envoya pas moins chercher son fidèle sacristain, lequel venait à peine d'achever le récit de son Iliade qu'il lui fallut, à sa grande terreur, entreprendre son Odyssée.

Tous deux partirent dans le même équipage que la première fois. Le pape voulut leur donner une escorte de papelins, mais les papelins refusèrent positivement, répondant qu'ils étaient engagés au service de Sa Sainteté pour tricoter des bas en montant leur garde, mais non pour aller se commettre avec des excommuniés.

Force fut donc au légat de partir sans eux; d'ailleurs il aimait presque autant cela. Seul avec le sacristain, il pouvait du moins compter sur sa faiblesse.

Cette fois le légat, en approchant du camp, se fit un visage épanoui; il avait cueilli un olivier tout entier dont il s'était fait un symbole d paix, et du plus loin qu'il aperçut les Anglais, i leur cria:

— Bonnes nouvelles! bonnes nouvelles!

De sorte que les Anglais, qui ne comprenaien pas la langue, mais qui comprenaient le geste ne le reçurent pas trop mal; que les Français qui comprenaient parfaitement, attendaient; e

que les Bretons, qui comprenaient à peu près,
s'inclinèrent sur son passage.

Cette fois, le retour du légat au camp ressem-
blait d'autant plus à un triomphe, qu'avec infi-
niment de bonne volonté on pouvait prendre les
incendies pour des feux de joie.

Mais quand il fallut annoncer à Duguesclin
qu'il revenait sans apporter autre chose que ce
qu'il avait promis à son premier voyage, c'est-à-
dire le pardon, ce fut les larmes aux yeux que le
pauvre ambassadeur s'acquitta de son ambassade.

D'autant plus que lorsqu'il eut fini, Duguesclin le regarda d'un air qui voulait dire :

— Et vous avez osé revenir pour me faire
une pareille proposition ?

Aussi, sans hésiter davatange, le légat cria-t-il :

— Sauvez-moi la vie, M. le connétable, sauvez-moi la vie ; car à coup sûr, quand vos soldats vont savoir que je suis venu les mains vides, moi qui leur ai annoncé de bonnes nouvelles,
ils me tueront.

— Hum ! fit Duguesclin, je ne dirais pas non,
monseigneur.

— Hélas ! hélas ! dit le légat, je l'avais bien
annoncé à Sa Sainteté qu'elle m'envoyait au
martyre.

— Je vous avoue, dit le connétable, que ce
ne sont point des hommes, mais des loups-ga-
rous. L'excommunication leur a fait un effet qui
m'étonne moi-même. Je leur croyais le cuir
plus dur, et, en vérité, si d'ici à demain ils n'ont
pas deux ou trois écus d'or à mettre chacun sur la

brûlure que la foudre leur a faite, je ne réponds plus de rien, et demain ils sont capables de brûler Avignon, et dans Avignon. J'ai horreur de le dire, les cardinaux. et avec les cardinaux, j'en frissonne. le pape lui-même.

— Mais moi. dit le légat, vous comprenez, M. le connétable, qu'il faut que je leur porte cette réponse. afin qu'ils prennent une décision qui prévienne de si grands malheurs. et pour qu'ils connaissent cette réponse et prennent cette décision, il faut que j'arrive sain et sauf jusqu'à eux.

— Vous arriveriez un peu écorché, dit Duguesclin. qu'à mon avis l'effet n'en serait que plus grand. Mais, se hâta-t-il d'ajouter, nous ne voulons pas contraindre Sa Sainteté par la violence, nous voulons que sa décision soit l'expression de sa volonté, le résultat de son libre arbitre ; je vais donc vous reconduire moi-même comme j'ai déjà fait la première fois, et, pour plus grande sûreté, vous faire sortir par une fausse porte.

— Ah ! sire connétable, dit le légat, à la bonne heure ! vous, vous êtes un véritable chrétien.

Duguesclin tint sa parole. Le légat quitta le camp sain et sauf ; mais derrière lui le pillage, interrompu un instant par l'annonce des bonnes nouvelles qu'il apportait, recommença avec plus de fureur.

C'était tout naturel : le désappointement avait doublé les colères.

Les vins furent bus, les meubles furent enle-
és, les fourrages firent litière.

Les Avignonnais, toujours du haut de leurs
urailles, les plus braves n'osaient sortir de la
ille, se voyaient dévaliser et ruiner de fond en
omble.

Les cardinaux se lamentaient.

Le pape fit alors proposer cent mille écus.

— Apportez-les toujours, et nous verrons
prés, répondit Duguesclin.

Le pape assembla son conseil, et avec une
ouleur profonde qui se peignait sur ses traits :

— Mes fils, dit-il, il faut consentir au sacri-
ce.

— Oui, dirent les cardinaux d'une seule voix,
t comme dit Ezéchiel, l'ennemi est entré sur
os terres, il a mis nos villes à feu et à sang et
l a violé nos femmes et nos filles.

— Sacrifions-nous donc, dit Urbain V.

Et déjà le trésorier s'apprêtait à recevoir l'ordre de visiter les caisses.

— Ils demandent cent mille écus, dit le pape.

— Il faut les leur donner, dirent les cardi-
aux.

— Hélas! oui, fit Sa Sainteté.

Et levant les yeux au ciel, il soupira profon-
éement.

Puis il appela :

— Angelo!

Le trésorier s'inclina.

— Angelo, continua le pape, vous allez faire
romulguer par la ville que je frappe une con-

tribution de cent mille écus, — vous ne direz pas
d'abord si c'est d'or ou d'argent, cela s'éclair-
cira plus tard, — que je frappe une contribution
de cent mille écus sur le pauvre peuple.

Frapper une contribution sur quelqu'un n'é-
tait peut-être pas très-français, mais il paraît
que c'était très-romain, puisque le trésorier
pontifical ne fit aucune observation.

— Si l'on se plaint, continua le pape, vous
direz ce dont vous avez été témoin, c'est que ni
mes prières ni celles de mes cardinaux n'ont
pu sauver mon peuple bien-aimé de cette extrémité si douloureuse pour mon cœur.

Les cardinaux et le trésorier regardèrent le
pape avec admiration.

— En effet, dit le pape, ces pauvres gens sont
encore bien heureux de racheter à si bas prix
leurs maisons et leurs biens. Mais en vérité, en
vérité! ajoutait-il les larmes aux yeux, rien
n'est si triste pour un prince que de donner
ainsi l'argent de ses sujets.

— Qui eût été si utile à Votre Sainteté en
toute autre occasion, ajouta le trésorier en s'inclinant.

— Enfin, Dieu le veut! dit le pape.

Et la contribution fut levée avec force mur-
mures quand on sut que les écus étaient d'argent, et pas mal de résistance quand on sut
qu'ils étaient d'or.

Ce fut alors que Sa Sainteté eut recours à ses
papelins, et comme ce n'était plus à des excommuniés mais à de bons chrétiens qu'ils avaient affaire,

ils déposèrent leurs aiguilles à tricoter et saisirent leurs piques d'une façon si martiale que les Avignonnais rentrèrent à l'instant dans le devoir.

Au point du jour, le légat, non plus cette fois avec sa mule, mais avec dix chevaux richement caparaçonnés, s'achemina vers le camp des ex-communiés.

Les soldats, à cette vue, poussèrent de grands cris de joie, qui firent cependant une impression moins favorable sur le légat que leur imprécation n'en avait fait une fâcheuse.

Mais au lieu de trouver Bertrand charmé, comme il s'y attendait, par la preuve palpable et sonnante de la soumission du saint-siége, il fut surpris de le voir tout boudeur, tournant et etournant entre ses doigts un parchemin récemment décacheté.

— Oh! dit le connétable en secouant la tête, voilà de bel argent que vous m'apportez, monseigneur le légat.

— N'est-ce pas? fit l'ambassadeur qui se figurait que l'argent était de l'argent, et par conséquent était toujours bon.

— Oui, continua Duguesclin, mais un scrupule m'arrête; d'où vient-il, cet argent?

— De Sa Sainteté, puisque c'est sa Sainteté ui vous l'envoie.

— Fort bien! Mais qui l'a fourni?

— Dame! Sa Sainteté, je présume.

— Pardon. M. le légat, dit Duguesclin, mais n homme d'Eglise ne doit pas mentir.

— Cependant, dit le légat, je suis témoin...

— Lisez ceci.

Et Duguesclin présenta au légat le parchemin qu'il roulait et déroulait entre ses doigts.

Le légat prit le parchemin et lut :

« Est-il dans les intentions du noble chevalier Duguesclin qu'une ville innocente et déjà pressurée par son prince. que de pauvres bourgeois à moitié ruinés, et des artisans mourants de faim, se privent de leur dernier morceau de pain pour payer une guerre de caprice? Cette question est faite au nom de l'humanité, au plus loyal des chevaliers chrétiens. par la pauvre ville d'Avignon, qui vient de suer. avec son sang, cent mille écus d'or, tandis que Sa Sainteté garde, dans les caves de son château, deux millions d'écus, sans compter les trésors de Rome. »

— Eh bien? demanda Bertrand courroucé, quand le légat eut achevé sa lecture.

— Hélas! dit le légat, il faut que Sa Sainteté ait été trahie.

— Ce que l'on me dit là de ces richesses enfouies est donc vrai?

— On le prétend.

— Alors, monseigneur le légat, dit le connétable, reprenez cet or; ce n'est pas le pain du pauvre qu'il faut à gens qui vont défendre la cause de Dieu, c'est le superflu du riche. Ainsi donc, écoutez bien ce que vous dit le chevalier Bertrand Duguesclin, connétable de France : si

s deux cent mille écus du pape et des cardi-
aux ne sont point ici avant ce soir, cette nuit
brûle non pas les faubourgs, non pas la ville.
ais le palais. et avec le palais les cardinaux. et
vec les cardinaux le pape, si bien que du pape,
es cardinaux et du palais, il ne restera pas vesi-
ige demain matin. Allez, monseigneur le légat.

Ces nobles paroles furent accueillies par une
alve d'applaudissements des soldats, des offi-
iers et des chefs, qui ne laissa au légat aucun
oute sur l'unanimité des opinions, si bien que
'ambassadeur, gardant au milieu de ces bruyan-
s acclamations le même silence, reprit avec
s chevaux chargés le chemin d'Avignon.

— Enfants, dit le connétable à ceux de ses
oldats qui, trop éloignés, n'avaient rien en-
ndu, et qui s'étonnaient des acclamations de
eurs camarades, ce pauvre peuple n'avait que
ent mille écus à nous donner ; c'est trop peu,
uisque c'est juste ce que j'ai promis à vos
hefs. Le pape va nous en donner deux cent
ille.

En effet, trois heures après, vingt chevaux,
liant sous le faix, franchissaient, pour n'en
lus sortir, l'enceinte du camp de Duguesclin,
t le légat, après avoir fait trois tas des espèces,
un composé de cent mille écus d'or, et les deux
utres de cinquante chacun, y ajoutait la béné-
iction pontificale à laquelle les aventuriers,
ons diables quand on cédait à leurs désirs,
pondaient par le souhait de toutes sortes de
rospérités.

Puis quand le légat fut parti :

— Maintenant, dit Duguesclin à Hugues d
Caverley, à Claude l'Ecorcheur et au Vert Che
valier, réglons nos comptes.

— Réglons, dirent les aventuriers.

— Je vous dois cinquante mille écus d'or,
un écu par soldat. Est-ce bien ainsi que la chos
a été convenue?

— C'est ainsi.

Bertrand attaqua le plus gros tas.

— Voici cinquante mille écus d'or, dit-il.

Les aventuriers comptèrent après Bertran
Duguesclin, en vertu de ce proverbe déjà e
vigueur au quatorzième siècle :

« L'argent mérite la peine d'être compté deu
fois. »

— Bien ! dirent-ils, voilà la part des soldats
passons à celle des officiers.

Bertrand tira du même tas vingt mille écus

— Quatre mille officiers, dit-il, à cinq écu
par officier, ci : vingt mille écus. Est-ce votr
compte?

Les chefs se mirent à empiler les pièces.

— C'est cela, dirent-ils au bout d'un in
stant.

— Bon ! fit Duguesclin. Restent les chefs.

— Oui, restent les chefs, fit Caverley en pas
sant sa langue sur ses lèvres comme un homm
joyeusement alléché.

— Maintenant, dit Bertrand, dix chefs à tro
mille écus chacun, n'est-ce pas?

— C'est le chiffre convenu.

— Ci : trente mille écus, dit Bertrand en mon-
nt le monceau d'or diminué de plus des deux
ers.

— Le compte y est, dirent les aventuriers, il
'y a rien à dire.

— De sorte que vous n'avez plus aucune ob-
ction à faire pour entrer en campagne ? de-
anda Bertrand.

— Aucune, et nous sommes prêts, dit Caver-
y. Sauf toutefois notre serment d'obéissance au
ince de Galles.

— Oui, dit Bertrand, mais ce serment ne
arde que les sujets anglais.

— Bien entendu, reprit le capitaine.

— C'est convenu.

— Alors, nous sommes contents. Cependant...

— Cependant, quoi ? demanda Duguesclin.

— Ces cent autres mille écus ?

— Vous êtes des capitaines trop prévoyants
ur ne pas comprendre qu'à une armée qui se
et en campagne, il faut un trésor.

— Sans doute, dit Caverley.

— Eh bien ! cinquante mille écus sont desti-
s à entrer dans la caisse générale.

— Bon ! dit Caverley à ses compagnons, je
mprends. Et les cinquante mille autres dans
caisse particulière. Peste ! quel habile homme !

— Venez çà, messire mon chapelain, ajouta
rtrand, et composons ensemble une petite
ttre d'envoi pour notre bon seigneur le roi de
ance, à qui je destine les cinquante mille écus
i nous restent.

— Ah! fit Caverley, voilà qui est vraiment beau, je n'en ferais pas autant, moi! même pour monseigneur le prince de Galles.

V

COMMENT MESSIRE HUGUES DE CAVERLEY FAILLIT GAGNER CENT MILLE ÉCUS D'OR.

On se rappelle qu'après la scène du jardin, nous avons laissé Aïssa regagner la maison de son père, tandis qu'Agénor disparaissait de l'autre côté du mur.

Musaron avait compris que rien ne retenait plus son maître à Bordeaux ; aussi lorsque le jeune homme sortit de la rêverie où l'avaient plongé les événements qui venaient de s'écouler, trouva-t-il son cheval tout sellé et son écuyer tout prêt à partir.

Agénor se mit en selle d'un seul élan, puis, piquant son cheval des deux, il quitta la ville au galop, suivi de Musaron, qui goguenardait selon son habitude.

— Eh! monsieur, disait-il, nous nous sauvons bien vite, ce me semble. Où diable avez-vous donc mis le trésor que vous étiez allé querir chez l'infidèle ?

Agénor haussa les épaules et ne répondit point.

— Ne tuez pas votre bon cheval, monseigneur, nous en aurons besoin pour faire campagne ; il n'ira pas longtemps de ce train-là, je vous en préviens, surtout si vous avez, comme le prince Henri de Transtamare, cousu seulement une cinquantaine de marcs d'or dans la doublure, de votre selle.

— En effet, dit Agénor, je crois que tu as raison, cinquante marcs d'or et cinquante marcs de fer, c'est trop pour une seule bête.

Et il laissa tomber sur l'épaule de l'écuyer irrévérencieux sa lance toute chevillée d'acier.

Musaron plia l'épaule sous le fardeau, et, comme l'avait prévu Agénor, sa gaieté fut considérablement diminuée par ce surcroît de charge.

Ils traversèrent ainsi, en suivant de près les traces du prince Henri, mais sans pouvoir le rejoindre, la Guienne et le Béarn ; puis ils franchirent les Pyrénées et entrèrent en Espagne par l'Aragon.

Ce fut dans cette province seulement qu'ils atteignirent le prince, qu'ils reconnurent aux lueurs d'une petite ville incendiée par le capitaine Hugues de Caverley.

C'était ainsi que les compagnies signalaient leur arrivée en Espagne. Messire Hugues, en homme ami du pittoresque, avait choisi la ville, dont il comptait se faire un phare, sur une éminence, afin que les flammes éclairassent, à dix lieues alentour, ce pays qui lui était encore inconnu, et dont il désirait prendre connaissance.

Henri ne s'étonna point de cette fantaisie du capitaine anglais ; il connaissait de longue main tous ces chefs de compagnies, et savait leur manière de faire. Seulement, il pria messire Bertrand Duguesclin d'interposer son autorité près des compagnons placés sous ses ordres, afin que ceux-ci détruisissent le moins possible.

— Car , disait-il fort judicieusement , ce royaume devant m'appartenir un jour, j'aime autant l'avoir en bon état que ruiné.

— Eh bien! soit, monseigneur, dit Caverley, mais à une condition.

— Laquelle? demanda Henri.

— C'est que Votre Altesse payera un droit par chaque maison intacte et par chaque femme violée.

— Je ne comprends pas , répondit le prince maîtrisant la répugnance que lui faisait éprouver la coopération de pareils bandits.

— Rien de plus simple cependant, dit Caverley ; vos villes épargnées et votre population doublée, cela vaut de l'argent, ce me semble.

— Eh bien ! soit, dit Henri en essayant de sourire ; nous causerons de cela demain matin, mais en attendant...?

— En attendant, monseigneur, l'Aragon peut dormir tranquille. J'y vois clair pour toute la nuit, et, Dieu merci ! Hugues de Caverley n'a pas la réputation d'un prodigue.

Sur cette promesse à laquelle on pouvait se fier , si singulière qu'elle fût, Henri se retira

avec Mauléon dans sa tente, tandis que le con-
étable regagnait la sienne.

Messire Hugues de Caverley alors, au lieu de
se coucher, comme on aurait pu croire qu'il
allait le faire après une journée si fatigante,
écouta le bruit des pas qui s'éloignaient; puis,
lorsqu'ils se furent perdus dans l'espace, comme
les corps qui les causaient dans l'obscurité, il se
souleva doucement et appela son secrétaire.

Ce secrétaire était un personnage fort impor-
tant dans la maison du brave capitaine, car soit
que celui-ci ne sût point écrire, ce qui est probable, ou qu'il dédaignât de tenir une plume, ce
qui est possible, c'était ce digne scribe qui était
chargé de mettre en règle toutes les transactions
qui intervenaient entre le chef des aventuriers
et les prisonniers qu'il mettait à rançon. Or,
peu de jours se passaient sans que le secrétaire
de messire Hugues de Caverley eût quelque
transaction de ce genre à libeller.

Le scribe se présenta, sa plume d'une main,
son encrier de l'autre, un rouleau de parchemin
sous le bras.

— Viens ici, maître Robert, dit le capitaine, et libelle-moi une quittance avec laisser-
passer.

— Une quittance de quelle somme? demanda
l'écrivain.

— Laisse la somme en blanc; mais n'épargne
pas l'espace, car la somme sera ronde.

— Au nom de qui? demanda de nouveau le
scribe.

— Laisse le nom en blanc comme la somme.

— Et de l'espace aussi?

— Oui; car ce nom sera suivi de pas mal de titres.

— Bon! bon! bon! dit maître Robert en se mettant à la besogne avec un empressement qui eût pu faire croire qu'il était payé au prorata de la recette. Mais où est le prisonnier?

— On est en train de le faire.

Le scribe connaissait l'habitude de son patron, il n'hésita donc point une seconde à préparer la cédule; puisque le capitaine avait dit qu'on était en train de faire le prisonnier, le prisonnier était fait.

Cette opinion n'avait rien de trop avantageux pour le capitaine, car à peine le scribe avait-il mis la dernière main à la cédule que l'on entendit dans la direction de la montagne un bruit qui allait s'approchant.

Caverley semblait non pas avoir entendu, mais avoir deviné ce bruit, car avant qu'il n'eût atteint l'oreille vigilante de la sentinelle, le capitaine souleva la toile de sa tente.

— Qui vive? cria presque aussitôt la sentinelle.

— Amis! répondit la voix bien connue du lieutenant de Caverley.

— Oui, oui, amis, dit l'aventurier en se frottant les mains, laisse passer, et lève ta pique lorsqu'on passera. Ceux que j'attends en valent bien la peine.

En ce moment, aux dernières lueurs de l'in-

tendie qui s'en allait mourant, on vit s'avancer,
entourés par vingt-cinq ou trente compagnons,
une petite troupe de prisonniers. Cette troupe
se composait d'un chevalier qui paraissait être à
la fois dans la force et dans la fleur de l'âge, d'un
More qui n'avait pas voulu quitter les rideaux
d'une vaste litière, et de deux écuyers.

Dès que Caverley vit que cette troupe se composait bien réellement des différents individus
que nous venons de désigner, il fit sortir de sa
tente tous ceux qui s'y trouvaient, à l'exception
de son secrétaire.

Ceux qu'il renvoyait sortirent avec un regret
qu'ils ne se donnèrent pas même la peine de
déguiser et en supputant la valeur de la prise
qui venait de tomber aux serres de l'oiseau de
proie qu'ils reconnaissaient pour leur chef.

A l'aspect des quatre personnages introduits
dans sa tente, Caverley s'inclina profondément;
puis, s'adressant au chevalier :

— Sire roi, lui dit-il, si par hasard mes hommes avaient manqué de courtoisie envers Votre
Altesse, pardonnez-leur; ils ne vous connais-
saient pas.

— Sire roi! répéta le prisonnier avec un accent auquel il essayait de donner l'intonation de
la surprise, mais en même temps avec une pâ-
leur qui décelait son inquiétude, est-ce à moi
que vous vous adressez, capitaine?

— A vous-même, sire don Pèdre, roi très-re-
douté de Castille et de Murcie.

Le chevalier, de pâle qu'il était, devint livide,

Un sourire désespéré essaya de se dessiner sur ses lèvres.

— En vérité, capitaine, dit-il, j'en suis fâché pour vous, mais vous faites une grande erreur si vous me prenez pour celui que vous venez de dire.

— Ma foi! monseigneur, je vous prends pour ce que vous êtes, et je crois, en vérité, avoir fait une bonne prise.

— Croyez ce que vous voudrez, dit le chevalier en faisant un mouvement pour aller s'asseoir, il ne me sera pas difficile, je le vois, de vous faire revenir de cette opinion.

— Pour que j'en revinsse, monseigneur, il ne faudrait pas que vous fissiez l'imprudence de marcher.

Le chevalier serra les poings.

— Et pourquoi cela? demanda-t-il.

— Parce que vos os craquent à chaque pas que vous faites, ce qui est une musique bien agréab'e pour un pauvre chef de compagnie à qui la Providence donne cette bonne aubaine, d'avoir fa't tomber un roi dans ses filets.

— N'y a-t-il donc que le roi don Pèdre dont, en marchant, les os fassent ce bruit, et un autre homme ne peut-il être atteint de la même infirmité?

— En effet. dit Caverley, la chose est possible. et vous m'embarrassez; mais j'ai un moyen certain de savoir si je fais erreur, comme vous dites.

— Lequel? demanda en fronçant le sourcil

le chevalier que cet interrogatoire lassait visiblement.

— Le prince Henri de Transtamare n'est
qu'à cent pas d'ici ; je vais l'envoyer chercher,
et nous verrons bien s'il reconnaît son frère chéri.

Le chevalier fit, malgré lui, un mouvement
de colère.

— Ah ! vous rougissez ! s'écria Caverley ; eh
bien ! avouez, et si vous avouez, je vous jure, foi
de capitaine, que tout se passera entre nous
deux, et que votre frère ne saura pas même que
j'ai eu l'honneur de m'entretenir quelques instants avec Votre Altesse.

— Eh bien ! voyons ; au fait, que voulez-
vous ?

— Je ne voudrai rien, vous le comprenez
bien, monseigneur, tant que je ne serai pas
certain de l'identité de la personne que je tiens
entre mes mains.

— Supposez donc que je sois effectivement le
roi, et parlez.

— Peste ! comme vous dites cela, sire, parlez !
croyez-vous donc que j'aie si peu de choses à
vous dire que ce'a se fasse en deux mots ? Non,
monseigneur, il faut avant toutes choses une
garde digne de Votre Majesté.

— Une garde ! vous comptez donc me retenir
prisonnier ?

— C'est mon intention, du moins.

— Et moi, je vous dis que je ne resterai pas
ici une heure de plus, dût-il m'en coûter la moitié de mon royaume.

— Oh! il vous en coûtera bien cela, sire, et ce ne sera pas trop, puisque dans la situation où vous êtes, vous êtes à peu près sûr de perdre tout.

— Fixez un prix alors! s'écria le prisonnier.

— Je réfléchirai, mon roi, dit froidement Caverley.

Don Pèdre parut faire un violent effort sur lui-même, et sans répondre un seul mot, il s'assit contre la toile de la tente, tournant le dos au capitaine.

Celui-ci parut réfléchir profondément; puis, après un moment de silence :

— Vous me donneriez bien, dit-il, un demi-million d'écus d'or. n'est-ce pas?

— Vous êtes stupide, répondit le roi. On ne les trouverait pas dans toutes les Espagnes.

— Trois cent mille alors, hein? J'espère que je suis raisonnable.

— Pas la moitié, dit le roi.

— Alors, monseigneur, répondit Caverley. je vais écrire un mot à votre frère Henri de Transtamare. Il se connaît mieux que moi en rançon royale, il fixera le prix de la vôtre.

Don Pèdre crispa ses poings et l'on put voir la sueur poindre à la racine de ses cheveux et couler sur ses joues.

Caverley se tourna vers son secrétaire :

— Maître Robert. dit-il, allez inviter de ma part le prince don Henri de Transtamare à venir me joindre sous ma tente.

Le scribe marcha vers le seuil de la tente, et

comme il allait le franchir , don Pèdre se leva :

— Je donnerai les trois cent mille écus d'or, dit-il.

Caverley bondit de joie.

— Mais. comme en vous quittant je pourrais tomber entre les mains de quelque autre bandit de votre sorte qui me mettrait de nouveau à rançon, vous allez me donner un reçu et un lais-sez-passer.

— Et vous, vous allez me compter les trois cent mil'e écus.

— Non pas; car vous comprenez qu'on ne porte pas avec soi une pareille somme; mais vous avez bien parmi vos hommes quelque juif qui se connaisse en diamants?

— Je m'y connais, moi, sire, dit Caver-ley.

— C'est bien. Viens ici, Mothril, dit le roi en faisant signe au More de s'approcher. Tu as en-tendu ?...

— Oui, sire, dit Mothril en tirant de son large pantalon une longue bourse à travers les mailles de laquelle étincelaient ces éclairs mer-veilleux que le roi des pierreries emprunte au roi des astres.

— Préparez le reçu, dit don Pèdre.

— Il est tout prêt, dit le capitaine, il n'y a que la somme à remplir.

— Et le laissez-passer?

— Il est au-dessous tout signé. Je suis trop le serviteur de Votre Altesse pour la faire at-tendre,

Un sourire convulsif passa sur les lèvres du roi. Puis, s'approchant de la table :

— Je soussigné, lut-il, moi, Hugues de Caverley, chef des aventuriers anglais...

Le roi ne lut pas un mot de plus; un rayon pareil à la foudre passa dans ses yeux.

— Vous vous nommez Hugues de Caverley? demanda-t-il.

— Oui, répondit le chef, étonné de cette expression joyeuse dont il cherchait en vain à deviner la raison.

— Et vous êtes le chef des aventuriers anglais? continua don Pèdre.

— Sans doute.

— Un instant alors, dit le roi. Mothril, remettez ces diamants dans la bourse, et la bourse dans votre poche.

— Pourquoi cela?

— Parce que c'est à moi à donner des ordres ici, et non à en recevoir, s'écria don Pèdre en tirant un parchemin de sa poitrine.

— Des ordres! dit Caverley avec hauteur. Apprenez, sire roi, qu'il n'y a qu'un homme au monde qui ait le droit de donner des ordres au capitaine Hugues de Caverley.

— Et cet homme, reprit don Pèdre, voici sa signature au bas de ce parchemin. Au nom du Prince Noir, Hugues de Caverley, je vous somme de m'obéir.

Caverley, en secouant la tête, jeta à travers la visière de son casque un regard sur le parchemin déroulé à la main du roi; mais à peine eutil vu la signature, qu'il poussa un cri de rage, auquel accoururent les officiers qui, par respect, étaient restés en dehors de la tente.

Ce parchemin que présentait le prisonnier au chef des aventuriers, c'était, en effet, le sauf-conduit donné par le Prince Noir à don Pèdre, et l'ordre à tous ses sujets anglais de lui obéir en toutes choses, en attendant que lui-même vint prendre le commandement de l'armée anglaise.

— Je vois que décidément je serai quitte à meilleur marché que tu ne le croyais et moi aussi. Mais, sois tranquille, je te dédommagerai, mon brave.

— Vous avez raison, sire roi, dit-il avec un mauvais sourire qu'on ne put voir sous sa visière baissée. Non-seulement vous êtes libre, mais encore j'attends que vous ordonniez.

— Eh bien ! dit don Pèdre, ordonne alors, comme c'était ton intention, à maître Robert d'aller chercher mon frère, le prince Henri de Transtamare, et de l'amener ici.

Le scribe consulta de l'œil le capitaine, et sur le signe affirmatif de messire Hugues de Caverley, il sortit.

VI

OÙ SE TROUVENT LA SUITE ET L'EXPLICATION DU PRÉCÉDENT.

Voici comment s'étaient succédé les événements qui nous sont restés inconnus depuis le départ ou p'utôt depuis la fuite d'Agénor. après la scène du jardin de Bordeaux.

Don Pèdre avait obtenu du prince de Galles la protection dont il avait besoin pour rentrer en Espagne ; et, sûr d'un renfort d'hommes et d'argent, il s'était aussitôt mis en route avec Mothril, muni d'un sauf-conduit d'un prince qui lui donnait puissance et sécurité au milieu des bandes anglaises.

La petite troupe s'était dirigée ainsi vers la frontière. où, comme nous l'avons dit, le vaillant Hugues de Caverley avait tendu son inévitab'e réseau.

Et cependant, quelles que fussent la vigilance du chef et l'adresse du soldat. il est probable que, grâce à la connaissance qu'il avait des localités, le roi don Pèdre eût longé l'Aragon et atteint la Castille-Nouvelle sans accident aucun, s'il n'était avenu l'épisode que voici :

Un soir, tandis que le roi suivait avec Mo-

thril, sur un grand parchemin de Cordoue re-
présentant une carte de toutes les Espagnes, la
route qu'ils devaient prendre, les rideaux de la
litière s'ouvrirent doucement, et la tête d'Aïssa
se glissa entre eux.

D'un seul regard de ses yeux, la jeune Moresque fit signe à un esclave couché près de sa
litière de venir à elle.

— Esclave, lui demanda-t-elle, de quel pays
es-tu ?

— Je suis né de l'autre côté de la mer, dit-il,
sur le rivage qui regarde Grenade et qui ne
l'envie pas.

— Et tu voudrais bien revoir ton pays, n'est-
ce pas ?

— Oui, dit l'esclave avec un profond soupir.

— Demain, si tu veux, tu seras libre.

— Il y a loin d'ici au lac Laoudiah, dit-il, et
le fugitif sera mort de faim avant d'y arriver.

— Non, car le fugitif emportera avec lui ce
collier de perles dont une seule suffirait pour le
nourrir pendant toute la route.

Et Aïssa détacha son collier qu'elle laissa tomber dans la main de l'esclave.

— Et que faut-il faire pour gagner à la fois la
liberté et ce collier de perles ? demanda l'esclave
frissonnant de joie.

— Tu vois, lui dit Aïssa, cette ligne grisâtre
ui coupe l'horizon, c'est le camp des chrétiens.
Combien te faut-il de temps pour y arriver ?

— Avant que le rossignol ait fini son chant,
it l'esclave, j'y serai.

— Eh bien donc, écoute ce que je vais te dire, et que chacune de mes paroles se grave au plus profond de ta mémoire.

L'esclave écoutait avec le ravissement de l'extase.

— Prends ce billet, continua Aïssa, gagne le camp, et une fois dans le camp, tu t'informeras d'un noble chevalier franc, d'un chef nommé le comte de Mauléon; tu te feras conduire à lui et tu lui remettras ce sachet contre lequel, à son tour, il te rendra cent pièces d'or; va!

L'esclave saisit le sachet, le cacha sous son habit grossier, choisit le moment où une des mules gagnait le bois voisin, et, faisant semblant de courir après elle pour la ramener, il disparut dans le bois avec la rapidité d'une flèche.

Nul ne remarqua cette disparition de l'esclave, excepté Aïssa, qui le suivait des yeux, et qui, palpitante, ne respira que lorsqu'il eut disparu à tous les yeux.

Ce qu'avait prévu la jeune Moresque arriva. L'esclave ne fut pas longtemps à rencontrer sur la lisière du taillis un de ces oiseaux de proie aux serres d'acier, au morion en forme de bec, au souple plumage en mailles de fer, perché sur un rocher dominant les ronces où il s'était placé pour voir de plus loin.

L'esclave, en sortant tout effarouché du taillis, tomba sous l'envergure de la sentinelle, qui aussitôt le coucha en joue avec son arbalète.

C'était ce que cherchait le fugitif. Il fit signe de la main qu'il voulait parler; la sentinelle

'approcha sans cesser de le mettre en joue.
'esclave alors dit qu'il allait au camp des chrétiens et demanda d'ètre conduit à Mauléon.

Ce nom, dont Aïssa s'exagérait l'importance,
'ouissait pourtant d'une certaine notoriété parmi
les compagnies depuis le trait hardi d'Agénor
arrêté par les bandes de Caverley, depuis surtout qu'on savait que c'était à lui qu'était due la
coopération du connétable.

Le soldat poussa son cri de ralliement, prit
l'esclave par le poignet et le conduisit à une seconde sentinelle placée à deux cents pas à peu
près de lui. Celle-ci à son tour mena l'esclave
au dernier cordon de vedettes, derrière lequel
le seigneur Caverley, au centre de sa troupe
comme l'araignée au centre de sa toile, se tenait dans sa tente.

Ayant compris à une certaine agitation qu'il
ressentait autour de lui, à une certaine rumeur
parvenue à ses oreilles, qu'il se passait quelque
chose de nouveau, il parut sur le seuil de sa
tente.

L'esclave fut conduit droit à lui.

Celui-ci nomma le bâtard de Mauléon; c'était
le laissez-passer qui lui avait réussi jusque-là.

— Qui t'envoie? demanda Caverley à l'esclave,
ssayant d'éviter une explication.

— Êtes-vous le seigneur de Mauléon? de-
anda l'esclave.

— Je suis un de ses amis, répondit Caverley,
et un des plus tendres encore.

— Ce n'est pas la même chose, dit l'esclave,

j'ai ordre de ne remettre qu'à lui la lettre que je porte.

— Écoute, dit Caverley, le seigneur de Mauléon est un brave chevalier chrétien qui a bon nombre d'ennemis parmi les Mores et les Arabes, qui ont juré de l'assassiner. Nous avons donc juré, nous, de ne laisser pénétrer personne jusqu'à lui sans que nous connussions auparavant le message dont l'envoyé est chargé.

— Eh bien ! dit l'esclave, voyant que toute résistance serait inutile, et d'ailleurs les intentions du capitaine lui paraissant bonnes, eh bien ! je suis envoyé par Aïssa.

— Qu'est-ce que Aïssa ? demanda Caverley.

— La fille du seigneur Mothril.

— Ah ! ah ! fit le capitaine, du conseiller du roi don Pèdre ?

— Justement.

— Tu vois que la chose devient de plus en plus ténébreuse, et que sans doute ce message contient quelque magie.

— Aïssa n'est point une magicienne, dit l'esclave en secouant la tête.

— N'importe, je veux lire ce message.

L'esclave jeta autour de lui un coup d'œil rapide pour voir si la fuite lui était possible, mais un grand cercle d'aventuriers s'était déjà formé autour de lui. Il tira de sa poitrine le sachet d'Aïssa et le tendit au capitaine.

— Lisez, dit-il, vous y trouverez quelque chose qui me concerne.

La conscience tant soit peu élastique de Caverley n'avait pas besoin de cette invitation. Il ouvrit le sachet parfumé de benjoin et d'ambre, en tira un carré de soie blanche, sur laquelle, à l'aide d'une encre épaisse, la main d'Aïssa avait écrit en espagnol les paroles suivantes :

« Cher seigneur, je t'écris selon ma promesse : le roi don Pèdre et mon père sont avec moi prêts à passer le défilé pour entrer en Aragon , tu peux faire d'un seul coup notre bonheur éternel et ta g'oire. Fais-les prisonniers et moi avec eux, qui serai ta douce captive : si tu veux les mettre à rançon , ils sont assez riches pour satisfaire ton ambition; si tu préfères la gloire à l'argent et que tu leur rendes la liberté pour rien, ils sont assez fiers pour publier au loin ta générosité; mais si tu les délivres, toi, tu me garderas, mon grand seigneur, et j'ai un coffret tout plein de rubis et d'émeraudes qui ne feraient pas tort à une couronne de reine.

« Ecoute donc et retiens bien ceci. Cette nuit, nous nous mettrons en marche. Poste tes soldats dans le défilé de manière à ce que nous ne puissions le traverser sans être vus. Notre escorte est faible en ce moment, mais d'une heure à l'autre elle peut devenir plus forte, car six cents hommes d'armes que le roi attendait à Bordeaux n'ont pu le rejoindre encore, tant sa marche a été rapide.

« Voilà comment, mon grand seigneur, Aïssa sera bien à toi et comment personne ne pourra et la reprendre, car tu l'auras bien conquise par la force de tes armes victorieuses.

« Un de nos esclaves te porte ce message. Je lui promets que tu le mettras en liberté et que tu lui compteras cent pièces d'or : accomplis mon désir.

« Ton Aïssa. »

« Oh ! oh !... pensa Caverley tandis que l'émotion faisait couler sous son casque une sueur ardente, un roi !... Mais qu'ai-je donc fait depuis quelque temps à la fortune pour qu'elle m'envoie de pareilles aubaines ?... Un roi !... Il faut voir cela, de par le diab'e ! Mais d'abord débarrassons-nous de cet imbécile. »

— Donc, dit-il, le seigneur de Mauléon te doit la liberté ?

— Oui, capitaine. et cent pièces d'or.

Hugues de Caverley ne jugea point à propos de répondre à cette dernière partie de la demande. Seulement, il appela son écuyer.

— Holà ! dit-il. prends ton cheval, et conduis cet homme jusqu'à deux bonnes lieues du camp, et laisse-le là. S'il te demande de l'argent, et que tu en aies de trop, donne-lui-en. Mais je t'en préviens, ce sera une pure libéralité de ta part. Va, mon ami, dit-il à l'esclave, ta commission est faite. C'est moi qui suis le seigneur de Mauléon.

L'esclave se prosterna.

— Et les cent piè es d'or ? demanda-t-il.

— Voici mon trésorier qui est chargé de te les remettre, dit Hugues de Caverley en lui montrant l'écuyer.

L'esclave se releva et suivit tout joyeux celui qui lui était désigné.

A peine fut-il à cent pas de la tente, que le capitaine envoya un détachement dans la montagne, et, ne dédaignant pas de descendre à ces humbles soins, plaça lui-même les sentinelles dans le défilé, de telle façon que personne ne pouvait le traverser sans être vu ; et, après avoir recommandé qu'aucune violence ne fût faite aux prisonniers, il attendit l'événement.

Nous l'avons vu dans cette attente, et l'événement fut prompt à seconder ses désirs. Le roi impatient de continuer sa route, voulut, sans attendre plus longtemps, se remettre en chemin.

Ils furent donc enveloppés dans le ravin, à la grande joie d'Aïssa, qui attendait impatiemment l'attaque et qui croyait cette attaque dirigée par Mauléon. Au reste, les mesures étaient si bien prises par Caverley, et le nombre des Anglais était si grand, que pas un des hommes de don Pèdre ne fit un mouvement pour se défendre.

Mais Aïssa, qui comptait voir Mauléon à la tête de cette embuscade, commença bientôt de s'inquiéter de son absence ; elle pensa néanmoins qu'il agissait ainsi par prudence, et d'ailleurs, voyant l'entreprise succéder selon ses souhaits, elle ne devait encore désespérer de rien.

Maintenant nous ne nous étonnerons plus que l'aventurier ait si facilement reconnu don Pèdre, qui d'ailleurs était parfaitement reconnaissable.

Quant à Mothril et à Aïssa, dont il devinait toute l'histoire avec son étonnante perspicacité,

il s'effrayait bien un peu du courroux qu'allu-
merait en Mauléon la découverte de ce secret.
mais presque aussitôt il avait réfléchi qu'il était
facile de tout mettre sur le compte de la trahison de l'esclave, et qu'au contraire il pourrait
se faire de cet abus de confiance un titre à la
reconnaissance de Mauléon : car tout en fa'sant
payer leur rançon au roi et à Mothril, il comptait
abandonner sans intérêts Aïssa au jeune homme.
et c'était une générosité dont il s'applaudissait
comme d'une innovation.

On a vu comment le sauf-conduit du prince
de Galles, exhibé par don Pèdre, changea toute
la face de l'affaire. et renversa les plans si hardis
et si savamment improvisés de Caverley.

Don Pèdre, après le départ de Robert, était
occupé de raconter au chef des aventuriers les
événements du traité conclu à Bordeaux, quand
un grand bruit se fit entendre. C'était un roulement de pieds de chevaux, un fracas d'armures et de chaînes d'épées bondissantes au côté
des hommes d'armes.

Puis, la toile de la tente se releva brusquement. et l'on vit apparaître la figure pâle de
Henri de Transtamare dont un rayon de sinistre
joie illuminait le visage.

Mauléon, derrière le prince, cherchait vague-
ment quelqu'un ; il aperçut la litière et ses yeux
ne la quittèrent plus.

A l'arrivée de Henri, don Pèdre se recula de
son côté. non moins pâle que son frère, cherchant à son flanc son épée absente, et ne parut

tranquillisé que lorsqu'à force de reculer il rencontra un des piliers de la tente supportant une panoplie complète et sentit sous ses doigts le froid d'une hache d'armes.

Tous se regardèrent un instant si eneieux, échangeant des regards qui se croisaient menaçants comme des éclairs d'orage.

Henri rompit le premier le silence :

— Je crois, dit-il avec un sombre sourire, que voici la guerre finie avant d'être commencée.

— Ah ! vous croyez cela? dit don Pèdre railleur et menaçant.

— Je le crois si bien, répondit Henri, que je demanderai d'abord à ce noble chevalier Hugues de Caverley, quel prix il réclame pour une capture de l'importance de celle qu'il vient de faire ; car, eût-il pris vingt villes et gagné cent batailles, exploits qui se payent cher, il n'aurait pas tant de droits à notre reconnaissance que par ce seul exploit.

— Il est flatteur pour moi, reprit don Pèdre en jouant avec le manche de la hache, d'être apprécié à une valeur si considérable. Aussi, courtoisie pour courtoisie. Combien, si vous étiez dans la situation où vous pensez que je suis, combien, dis-je, estimeriez-vous votre personne, don Henri ?

— Je crois qu'il raille encore, dit Henri avec ne fureur qui se détendait sous la joie comme es glaces du pôle aux premiers sourires du olcil.

— Voyons un peu comment tout cela va finir, murmura Caverley en s'asseyant pour ne pas perdre un détail de la scène, et commençant à jouir du spectacle en amateur artiste plutôt qu'en avide spéculateur.

Henri se retourna de son côté ; on voyait qu'il se préparait à répondre à don Pèdre.

— Eh bien ! soit, dit-il en enveloppant don Pèdre du plus haineux regard, ami Caverley, pour cet homme autrefois roi et qui n'a plus même aujourd'hui au front le reflet doré de sa couronne, je te donnerai soit deux cent mille écus d'or, soit deux bonnes villes à ton choix.

— Mais, fit Caverley en caressant de sa main la mentonnière de son casque, tandis qu'à travers sa visière toujours baissée il regardait don Pèdre, mais il me semb'e que l'offre est acceptable, quoique...

Celui-ci répondit à l'interrogatoire par un geste et un coup d'œil qui signifiaient : « Capitaine, mon frère Henri n'est pas généreux et j'enchérirai sur la somme. »

— Quoique?... reprit Henri, répétant le dernier mot du chef des aventuriers. Que voulez-vous dire, capitaine ?

Mauléon ne put contenir plus longtemps son désir curieux.

— Le capitaine veut dire sans doute, répondit-il, qu'avec le roi don Pèdre, il a fait d'autres prisonniers, et qu'il voudrait qu'on les estimât aussi.

— Ma foi ! voilà ce qui s'appelle lire dans la pensée d'un homme, s'écria Caverley, et vous êtes un brave chevalier, sire Agénor. Oui, sur mon âme, j'ai fait d'autres prisonniers, et très-illustres même ; mais...

Et une nouvelle réticence vint accuser l'irrésolution de Caverley.

— On vous les payera, capitaine, dit Mauléon qui bouillait d'impatience, où sont-ils ? Dans cette litière, sans doute ?

Henri posa la main sur le bras du jeune homme et le contint doucement.

— Acceptez vous, capitaine Caverley ? dit-il.

— C'est à moi de vous répondre, monsieur, dit don Pèdre.

— Oh ! ne faites pas le maître ici. don Pèdre, car vous n'êtes plus roi, fit Henri avec dédain, et attendez que je vous parle pour me répondre.

Don Pèdre sourit, et se tournant vers Caverley :

— Expliquez-lui donc, capitaine, dit-il, que vous n'acceptez point.

Caverley passa de nouveau sa main sur sa visière, comme si ce fer eût été son front, et tirant Agénor à part :

— Mon brave ami, lui dit-il, de bons compagnons comme nous se doivent la vérité, n'est-ce pas ?

Agénor le regarda avec étonnement.

— Eh bien ! continua le capitaine. si vous 'en croyez, sortez par la petite porte de la tente qui est derrière vous, et si vous avez un on cheval, piquez jusqu'à ce qu'il n'en puisse lus.

— Nous sommes trahis ! s'écria Mauléon éclairé d'une lueur subite. Aux armes, prince ! aux armes !

Henri regarda Mauléon avec étonnement, et machinalement porta la main au pommeau de son épée.

— Au nom du prince de Galles, s'écria, en étendant la main avec le geste du commandement, don Pèdre qui voyait que la comédie tirait à sa fin ; je vous requiers, messire Hugues de Caverley, d'arrêter le prince Henri de Transtamare.

Ces paroles n'étaient pas achevées que Henri avait déjà l'épée à main ; mais Caverley souleva un instant sa visière, approcha une trompe de ses lèvres, et au son qu'elle rendit, vingt aventuriers se précipitèrent sur le prince, qui fut aussitôt désarmé.

— C'est fait, dit Caverley à don Pèdre. Maintenant, si vous m'en croyez, sire roi, retirez-vous, car les coups vont pleuvoir ici tout à l'heure, je vous en réponds.

— Comment cela ? demanda le roi.

— Ce Français qui est sorti par la petite porte ne laissera pas prendre son prince sans avoir en son honneur abattu quelques bras ou fendu quelques têtes.

Don Pèdre se pencha du côté de l'ouverture, et vit Agénor qui mettait le pied à l'étrier, sans doute pour aller chercher du secours.

Le roi saisit une arbalète, la tendit, y plaça une flèche et ajusta le chevalier ;

— Bon, dit-il, David tua Goliath avec une pierre, il serait beau voir que Goliath ne tuât pas David avec une arbalète.

— Un moment, s'écria Caverley, un moment, que diable! sire roi. A peine arrivé ici, vous allez me bouleverser tout ; et monsieur le connétable, que dira-t il si je lui laisse tuer son ami?

Et il releva avec le bras le bout de l'arbalète au moment même où don Pèdre appuyait le doigt sur la détente. Le vireton partit en l'air.

— Le connétable! dit don Pèdre en frappant du pied ; c'était bien la peine de me faire manquer mon coup en vue d'une pareille crainte. Ouvre ton piége, chasseur, et prends-y encore ce gros sanglier ; de cette façon, la chasse sera finie d'un seul coup, et à cette condition, je te pardonne.

— Vous en parlez à votre aise. Prendre le connétable! Bon! Venez un peu prendre le connétable! Bon Dieu! ajouta-t il en haussant les épaules, que ces Espagnols sont bavards!

— Sire Caverley!

— Pardieu! je dis vrai. Prendre le connétable!... Je ne suis pas curieux, sire roi, mais, foi de capitaine, je vous verrais faire cette capture avec beaucoup d'intérêt.

— En voici déjà un en attendant, dit don Pèdre en montrant Agénor que l'on ramenait prisonnier.

Au moment où il passait au grand galop de son cheval, l'un des aventuriers avait coupé le jarret à sa monture à l'aide d'un croissant, et le cheval était tombé engageant le cavalier sous lui.

Tant qu'elle avait cru son amant hors de cette lutte et exempt de ce danger, Aïssa n'avait pas dit une parole ni fait un mouvement. On eût dit que les intérêts qui se débattaient autour d'elle, quelque graves qu'ils fussent, ne l'occupaient en aucune façon ; mais à l'approche de Mauléon désarmé et aux mains de ses ennemis, on vit s'écarter les rideaux de la litière et apparaître la tête de la jeune fille plus pâle que le long voile de fine laine blanche qui enveloppe les femmes d'Orient.

Agénor poussa un cri. Aïssa bondit hors de la litière et courut à lui.

— Oh ! oh ! fit Mothril en fronçant le sourcil.

— Qu'est-ce à dire ? demanda le roi.

— Voilà l'explication qui menace, murmura Caverley.

Henri de Transtamare jeta sur Agénor un sombre et défiant regard que celui-ci comprit à merveille.

— Vous me voulez parler, dit-il à Aïssa ; faites vite et tout haut, madame, car de ce moment où nous sommes vos prisonniers, jusqu'à celui de notre mort, il n'y aura probablement pas de temps à perdre, même pour les plus amoureux.

— Nos prisonniers ! s'écria Aïssa, oh ! ce n'était point cela que je voulais, mon grand seigneur ; bien au contraire.

Caverley se démenait fort embarrassé ; cet

homme de fer tremblait presque devant l'accusation qu'allaient porter contre lui deux jeunes gens qu'il tenait entre ses mains.

— Ma lettre, dit Aïssa au jeune homme; n'as-tu donc pas reçu ma lettre?

— Quelle lettre? demanda Agénor.

— Assez! assez! dit Mothril dont cette scène commençait à briser tous les projets. Capitaine, le roi ordonne que vous conduisiez le prince Henri de Transtamare au logis du roi don Pèdre et ce jeune homme chez moi.

— Caverley, tu es un lâche, rugit Agénor essayant de se débarrasser des rudes gantelets qui l'étreignaient au poing.

— Je t'ai dit de te sauver, tu n'as pas voulu, ou tu t'es sauvé trop tard, ce qui revient au même, dit le capitaine. Par ma foi! c'est ta faute. Et puis plains-toi donc, tu logeras chez elle.

— Hâtons-nous, messieurs, dit le roi, et qu'un conseil s'assemble cette nuit même pour juger ce bâtard qui se dit mon frère, et ce rebelle qui se prétend mon roi. Caverley, il t'avait offert deux villes, je suis plus généreux que lui, moi: je te donne une province. Mothril, faites avancer mes gens; il faut que nous soyons à couvert avant une heure dans quelque bon château.

Mothril s'inclina et sortit; mais il n'avait pas fait dix pas hors de la tente qu'il se rejeta précipitamment en arrière, en faisant avec la main ce signe qui, chez toutes les nations et dans toutes les langues, commande le silence.

— Qu'y a-t-il? demanda Caverley avec une inquiétude mal déguisée.

— Parle, bon Mothril, dit don Pèdre.

— Écoutez, fit le More.

Tous les sens des assistants semblèrent passer dans leurs oreilles, et un instant la tente du chef anglais présenta l'aspect d'une réunion de statues.

— Entendez-vous? continua le More en s'inclinant de plus en plus vers la terre.

En effet, on commençait à entendre comme un roulement de tonnerre, ou comme le galop progressif d'une troupe de cavaliers.

— Notre-Dame Guesclin! cria tout à coup une voix ferme et sonore.

— Ah! ah! le connétable, murmura Caverley, qui reconnut le cri de guerre du rude Breton.

— Ah! ah! le connétable, dit à son tour don Pèdre en fronçant le sourcil.

Car sans l'avoir entendu jamais, il connaissait cependant ce terrible cri.

Les prisonniers, de leur côté, échangèrent un regard, et un sourire d'espérance se dessina sur leurs lèvres.

Mothril se rapprocha de sa fille, dont il étreignit plus étroitement la taille dans ses bras.

— Sire roi, dit Caverley avec cet accent goguenard qui ne l'abandonnait pas, même au moment du danger, vous vouliez prendre le sanglier, je crois; le voici qui vient vous épargner la besogne.

Don Pèdre fit un signe aux gens d'armes qui se rangèrent derrière lui. Caverley, décidé à rester neutre entre son ancien compagnon et son nouveau chef, se retira à l'écart.

Un nouveau rang de gardes tripla le cordon de fer qui garrottait le prince et Mauléon.

— Que fais-tu, Caverley ? demanda don Pèdre.

— Je vous cède la place, comme à mon roi et à mon chef. sire, dit le capitaine.

— C'est bien, répondit don Pèdre ; alors, qu'on m'obéisse.

Les chevaux s'arrêtèrent ; on entendit le frissonnement de l'acier et le bruit d'un homme qui sautait à terre. alourdi par son armure.

Presque aussitôt Bertrand Duguesclin entra dans la tente.

VII

LE SANGLIER PRIS DANS LE PIEGE.

Derrière le connétable venait, l'œil sournois et le sourire esquissé sur les lèvres, l'honnête Musaron, poudreux des pieds à la tête.

Il semblait placé pour donner aux assistants l'explication de cette arrivée si foudroyante du connétable.

Bertrand leva sa visière en entrant, et d'un seul regard fit le tour de l'assemblée.

Apercevant don Pèdre, il s'inclina légèrement; découvrant Henri de Transtamare, il fit un salut respectueux; allant à Caverley, il lui prit la main.

— Bonjour, sire capitaine, dit-il avec calme, nous avons donc fait bonne prise? Ah! messire de Mauléon, pardon! je ne vous avais pas vu.

Ces mots, qui semblaient indiquer une ignorance si positive de la situation, frappèrent de stupeur la plupart des assistants.

Mais Bertrand, loin de s'émouvoir de ce silence presque solennel, continua :

— J'espère, au reste, capitaine Caverley, que l'on aura eu pour le prisonnier tous les égards dus à son rang et surtout à son malheur?

Henri allait répondre, don Pèdre prit la parole :

— Oui, seigneur connétable, rassurez-vous, nous avons eu pour le prisonnier tout le respect que commandait le droit des gens.

— Vous avez eu, fit Bertrand avec une expression de surprise qui eût fait honneur au plus habile comédien, vous avez eu!... Comment dites-vous cela, s'il vous plait, Altesse?

— Mais oui, messire connétable, reprit don Pèdre en souriant, je le répète, nous avons eu.

Bertrand regarda Caverley impassible sous sa visière d'acier.

— Je ne comprends pas, dit-il.

— Cher connétable, dit Henri en se soulevant de son siége avec peine (car il avait été meurtri et garrotté par les soldats, et, dans la lutte, plusieurs de ces hommes cuirassés l'avaient à demi étouffé dans leurs bras de fer), cher connétable, l'assassin de don Frédéric a raison, c'est lui qui est notre maître, et c'est nous que la trahison a faits ses prisonniers.

— Hein! fit Bertrand en se retournant avec un regard si mauvais que plus d'une face pâlit dans l'assemblée. La trahison, dites-vous, et qui donc est le traître?

— Seigneur connétable, répondit Caverley en faisant un pas en avant, le mot trahison est impropre, ce me semble, et c'est plutôt la fidélité qu'il eût fallu dire.

— La fidélité!... reprit le connétable dont l'étonnement paraissait croître.

— Sans doute, la fidélité, continua Caverley; car enfin nous sommes Anglais, n'est-ce pas? et par conséquent sujets du prince de Galles.

— Eh bien! après, que signifie cela? dit Bertrand en élargissant, pour respirer à son aise, ses larges épaules et en laissant tomber sur la poignée de son estoc une épaisse main de fer. Qui vous dit, mon cher Caverley, que vous ne soyez point sujet du prince de Galles?

— Alors, seigneur, vous en conviendrez, car mieux que personne vous connaissez les lois de la discipline, alors j'ai dû obéir à l'ordre de mon prince.

— Et cet ordre, le voici, dit don Pèdre en allongeant le parchemin vers Bertrand.

— Je ne sais pas lire, dit brusquement le connétable.

Don Pèdre retira son parchemin, et Caverley frissonna, tout brave qu'il fût.

— Eh bien ! continua Duguesclin, je crois comprendre maintenant. Le roi don Pèdre avait été pris par le capitaine Caverley. Il a montré son sauf-conduit du prince de Galles, et à l'instant même le capitaine a rendu la liberté à don Pèdre.

— C'est cela même, s'écria Caverley, qui espéra un moment que dans son exquise loyauté Duguesclin approuverait tout.

— Rien de mieux jusqu'à présent, continua le connétable.

Caverley respira plus librement.

— Mais, reprit Bertrand, il y a encore une chose obscure pour moi.

— Laquelle ? demanda don Pèdre avec hauteur. Dépêchez-vous seulement, messire Bertrand, car toutes ces interrogations deviennent fatigantes.

— J'achève, reprit le connétable avec son impassibilité terrible. Mais en quoi est-il besoin que le capitaine Caverley, pour délivrer don Pèdre, fasse prisonnier don Henri ?

A ces mots et à l'attitude que prit Bertrand Duguesclin en les prononçant, Mothril jugea que le moment était venu d'appeler un renfort de Mores et d'Anglais au secours de don Pèdre.

Bertrand ne sourcilla point et ne parut pas même s'apercevoir de la manœuvre. Seulement, si la chose est possible, sa voix devint encore plus calme et plus froide qu'auparavant.

— J'attends une réponse, dit-il.

Ce fut don Pèdre qui la donna.

— Je suis étonné, dit-il, que l'ignorance soit si grande chez les chevaliers français qu'ils ne sachent pas que c'est double bénéfice de se faire un ami en même temps qu'on se défait d'un ennemi.

— Êtes-vous de cet avis, maître Caverley? demanda Bertrand en fixant sur le capitaine un regard dont la sérénité même, gage de force, était en même temps un gage de menace.

— Il le faut bien, messire, dit le capitaine. J'obéis, moi.

— Eh bien! moi, fit Bertrand, tout au contraire de vous, je commande. Je vous ordonne donc, entendez-vous bien ceci? je vous ordonne de mettre en liberté Son Altesse le prince don Henri de Transtamare que je vois là gardé par vos soldats, et comme je suis plus courtois que vous, je n'exigerai pas que vous arrêtiez don Pèdre, bien que j'en aie le droit, moi dont vous avez l'argent dans votre poche, moi qui suis votre maître puisque je vous paye.

Caverley fit un mouvement; don Pèdre étendit le bras.

— Ne répondez rien, capitaine, dit-il; il n'y a ici qu'un maître, et ce maître, c'est moi. Vous obéirez donc à moi, et cela sur-le-champ, s'il vous plaît. Bâtard don Henri, messire Bertrand, et vous comte de Mauléon, je vous déclare à tous trois que vous êtes mes prisonniers.

Il se fit, à ces terribles mots, un grand silence dans la tente. Au milieu de ce silence, six hommes d'armes, sur un signe de don Pèdre, se détachèrent du groupe pour s'assurer de la personne de Duguesclin comme on s'était déjà assuré de la personne de don Henri ; mais le bon chevalier, d'un coup de poing, de ce poing avec lequel il faussait les armures, abattit le premier qui se présenta, et de sa puissante voix, entonnant le cri de Notre-Dame-Guesclin de manière à le faire résonner dans les profondeurs les plus éloignées de la plaine, il tira son épée.

En un moment la tente présenta le spectacle d'une confusion terrible. Agénor, mal gardé, avait, d'un seul effort, écarté les deux soldats qui veillaient sur lui et était venu se joindre à Bertrand. Henri coupait avec ses dents la dernière corde qui liait ses poignets.

Mothril, don Pèdre et les Mores formaient un angle menaçant.

Aïssa passait la tête à travers les rideaux de sa litière, en criant, oublieuse de tout, excepté de son amant :

— Courage, mon grand seigneur ! courage !

Enfin, Caverley se retirait, emmenant avec lui ses Anglais, de manière à garder la neutralité le plus longtemps possible ; seulement pour être prêt à tout événement, il faisait sonner le boute-selle.

Le combat s'engagea. Flèches, viretons, balles de plomb lancées par la fronde, commencèrent à siffler dans l'air et à pleuvoir sur les trois chevaliers, quand soudain une immense clameur s'éleva et une troupe d'hommes d'armes entra à cheval dans la tente, coupant, saccageant, écrasant tout, et soulevant des tourbillons de poussière qui écrasèrent les plus furieux combattants.

A leurs cris : Guesclin ! Guesclin ! il n'était pas difficile de reconnaître les Bretons commandés par le Bègue de Vilaines, l'inséparable ami de Bertrand, lequel l'avait aposté aux barrières du camp, avec injonction de ne charger que lorsqu'il entendrait le cri de Notre-Dame-Guesclin !

Il y eut un moment de confusion étrange dans cette tente éventrée, ouverte, renversée, un instant pendant lequel amis et ennemis se trouvèrent mêlés, confondus, aveuglés ; puis, cette poussière se dissipa ; puis, aux premiers rayons du soleil se levant derrière les montagnes de la Castille, on vit les Bretons maîtres du champ de bataille. Don Pèdre, Mothril, Aïssa, les Mores avaient disparu comme une vision. Quelques-uns, atteints par les masses et par les estocs, étaient couchés à terre et agonisaient dans leur sang comme pour prouver seulement qu'on n'avait point eu affaire à une armée de rapides fantômes.

Agénor reconnut tout d'abord cette disparition : il sauta sur le premier cheval venu, et sans s'apercevoir que le cheval était blessé, il le poussa vers le monticule le plus proche, d'où il pouvait découvrir la p aine. Arrivé là, il vit au loin cinq chevaux arabes qui gagnaient le bois ; à travers l'atmosphère bleuâtre du matin, il reconnut la robe de laine et le voile flottant d'Aïssa.

Sans s'inquiéter s'il était suivi, dans un mouvement d'espoir insensé, il poussa son cheval à leur poursuite ; mais au bout de dix pas, le cheval s'abattit pour ne plus se relever.

Le jeune homme revint à la litière, elle était déserte et il n'y trouva plus qu'un bouquet de roses tout humide de pleurs.

A l'extrémité des lignes, toute la cavalerie anglaise en bon ordre attendait, pour agir. le signal de Caverley. Le capitaine avait si habilement disposé ses hommes qu'ils enfermaient les Bretons dans un cercle.

Bertrand vit d'un coup d'œil que le but de cette manœuvre était de lui couper la retraite.

Caverley s'avança.

— Messire Bertrand, dit-il, pour vous prouver que nous sommes de loyaux compagnons, nous allons vous ouvrir nos rangs afin que vous regagniez votre quartier. Cela vous fera voir que les Anglais sont fidèes à leur parole, et qu'ils respectent la chevalerie du roi de France.

Pendant ce temps, Bertrand silencieux et calme comme si rien d'extraordinaire ne se fût passé, était remonté sur son cheval et avait pris sa lance des mains de son écuyer.

Il regarda autour de lui, et vit qu'Agénor venait d'en faire autant.

Tous ses Bretons se tenaient derrière lui en bon ordre et prêts à charger.

— Sire Anglais, dit-il, vous êtes un fourbe, et si j'étais en force je vous ferais pendre au châtaignier que voici.

— Ah! ah! messire connétable, dit Caverley, prenez garde. Vous m'allez forcer de vous faire prisonnier au nom du prince de Galles.

— Bah! fit Duguesclin.

Caverley comprit tout ce qu'il y avait de menace dans la railleuse intonation du connétable, et se retournant vers ses soldats :

— Fermez vos rangs. cria-t-il à ses hommes qui se rejoignirent et présentèrent aux Bretons une muraille de fer.

— Enfants! dit Bertrand à ses braves, l'heure du déjeuner approche; nos tentes sont là-bas, rentrons chez nous.

Et il piqua si rudement son cheval que Caverley n'eut que le temps de se jeter de côté pour laisser passer l'ouragan de fer qui s'avançait sur lui.

En effet, derrière Bertrand s'étaient élancés avec la même force les Bretons conduits par Agénor. Henri de Transtamare avait été presque malgré lui placé au centre de la petite troupe.

En ce temps-là un homme valait vingt hommes par la science des armes et la force matérielle. Bertrand dirigea sa lance de telle façon qu'il enleva l'Anglais qui se trouvait en face de lui. Cette première percée faite, on entendit un grand fracas de lances brisées, des cris de blessés, des coups sourds frappés par des masses de fer, des hennissements de chevaux broyés par le choc.

Lorsque Caverley se retourna, il vit une large trouée sanglante, puis à cinq cents pas au delà de cette trouée, les Bretons galopant en aussi bon ordre que s'ils eussent traversé un champ d'épis mûrs.

— Je m'étais pourtant bien promis, murmura-t-il en secouant la tête, de ne pas me risquer contre ces brutes. Au diable les fanfaronnades et les fanfarons ! Je perds à cette équipée au moins douze chevaux et quatre hommes, sans compter, oh ! malheureux que je suis ! une rançon de roi. Çà, décampons, messieurs. A partir de cette heure, nous sommes Castillans. Changeons la bannière.

Et l'aventurier, dès le jour même, leva le camp et se mit en marche pour rejoindre don Pèdre.

VIII

LA POLITIQUE DE MESSIRE BERTRAND DUGUESCLIN.

Il y avait déjà plusieurs heures que les Bretons et le prince de Transtamare étaient en sûreté avec Mauléon, et déjà depuis longtemps Agénor avait, dans les replis des montagnes qui bornaient l'horizon, perdu ce point blanc fuyant dans la plaine resplendissante maintenant aux rayons du soleil, et qui n'était autre chose que tout son amour, toute sa joie, toutes ses espérances qui allaient s'évanouissant.

Au reste, c'était un spectacle assez varié que

l'attitude des différents personnages de cette histoire, car le hasard semblait prendre plaisir à les grouper tous dans l'encadrement du magnifique paysage que considérait Agénor.

Sur une des rampes de la montagne qu'elle avait gagnée d'une course que le vol de l'aigle n'eût point dépassée, la petite troupe fugitive venait de reparaître; on voyait distinctement trois choses : le manteau rouge de Mothril, le voile blanc d'Aïssa et le point d'acier lumineux que le soleil faisait briller comme une étincelle sur le casque de don Pèdre.

Dans l'intervalle qui s'étendait du premier au troisième plan, toute la troupe de Caverley, rétablie en ordre de bataille, suivait le chemin de la montagne. Les premiers cavaliers commençaient à se perdre dans le bois qui s'étendait à sa base.

Au premier plan, Henri de Transtamare, adossé à une touffe de genêts gigantesques, laissant errer son cheval sur la prairie, regardait de temps en temps avec une stupéfaction douloureuse ses poignets rougis encore par la pression des cordes. Ces vestiges de la scène effrayante qui venait de se passer dans la tente de Caverley lui prouvaient seuls que deux heures auparavant don Pèdre était encore en son pouvoir, et qu'un instant la fortune lui avait souri pour le précip ter presque aussitôt du faîte d'une prospérité prématurée au plus profond peut-être du sombre abîme de l'incertitude et de l'impuissance.

Près de Henri, quelques Bretons, épuisés de fatigue, s'étaient couchés sur l'herbe. Ces braves chevaliers, machines obéissantes, élevés par l'ordre seul de la nature au-dessus de la bête de somme ou du chien de bergerie, ne se donnaient pas la peine de réfléchir après avoir agi. Seulement, comme i's avaient remarqué qu'à dix pas d'eux Bertrand réfléchissait pour eux, ils avaient ramené leurs manteaux sur leurs visages pour se garantir du soleil et s'étaient endormis.

Le Bègue de Vilaines et Olivier de Mauny ne dormaient pas, eux; ils regardaient, au contraire, avec l'attention la plus profonde et la plus soutenue, les Anglais, dont l'avant-garde, comme nous l'avons dit, commençait à se perdre dans le bois, tandis que l'arrière-garde s'occupait à démolir les tentes et à les charger sur le dos des mules; au milieu des travailleurs, on pouvait distinguer Caverley, traversant comme un fantôme armé les rangs de ses soldats et veillant à l'exécution des ordres donnés par lui.

Ainsi tous ces hommes épars dans le vaste paysage et fuyant les uns au midi, les autres à l'ouest, ceux-ci à l'orient, ceux-là au nord, comme des fourmis effarouchées, étaient pourtant liés les uns aux autres par un même sentiment, et Dieu qui les comprenait seul, en les regardant du haut du ciel, pouvait dire qu'en chacun de ces cœurs, excepté dans le cœur d'Aïssa, le sentiment qui dominait tous les autres était celui de la vengeance.

Mais bientôt Mothril, don Pèdre et Aïssa, se

perdirent de nouveau dans un pli de la montagne; bientôt l'arrière-garde anglaise se mit en marche à son tour et s'enfonça dans le bois, de sorte que Mauléon, ne voyant plus Aïssa, et le Bègue de Vilaines et Olivier de Mauny ne voyant plus Caverley, se rapprochèrent de Bertrand, qui venait de sortir de sa rêverie pour se rapprocher de Henri, toujours plongé dans la sienne.

Bertrand leur sourit; puis, se levant, grâce aux jointures de fer de son armure, avec quelque peine, du petit tertre sur lequel il était assis, il marcha droit au prince Henri, toujours adossé à son genêt.

Le bruit de ses pas, alourdis par l'armure, ébranlait la terre, et cependant Henri ne se retournait pas.

Bertrand continua d'avancer de façon à ce que son ombre, interposée entre le soleil et le prince, enlevât au triste seigneur cette douce consolation de la chaleur du ciel, qui est, comme la vie, précieuse surtout quand on la perd.

Henri releva la tête pour réclamer son soleil, et vit le bon connétable appuyé sur sa longue épée, la visière à demi levée, et l'œil animé d'une encourageante compassion.

— Ah! connétable, dit le prince en secouant la tête, quelle journée!

— Bah! monseigneur, dit Bertrand, j'en ai vu de pires.

Le prince ne répondit qu'en accusant le ciel du regard.

— Ma foi ! continua Bertrand, moi je ne me souviens que d'une chose, c'est que nous pouvions être prisonniers, et qu'au contraire nous sommes libres.

— Ah! connétable, ne voyez-vous donc pas que tout nous échappe ?

— Qu'appelez-vous tout ?

— Le roi de Castille ! par Saint-Jacques ! s'écria don Henri avec un mouvement de rage et de menace qui fit tressaillir les chevaliers attirés par la parole vibrante du prince et qui, en écoutant sa parole, ne pouvaient oublier que cet ennemi tant abhorré était un frère.

Bertrand ne s'était pas avancé vers le prince dans le seul but de rapprocher la distance qui les séparait : il avait quelque chose à lui dire ; il venait, en effet, de surprendre sur tous les visages une expression de lassitude assez semblable à un commencement de découragement.

Il fit signe au prince de s'asseoir. Celui-ci comprit que Bertrand allait entamer quelque conversation importante ; il se coucha donc, et parmi toutes ces figures exprimant, comme nous l'avons déjà dit, le découragement, la sienne n'était pas une des moins expressives.

Bertrand s'inclina en appuyant ses deux mains sur le pommeau de son épée.

— Pardon, monseigneur, dit-il, si je distrais vos pensées du chemin qu'elles suivent ; mais je désirerais m'entendre avec vous sur un point.

— Qu'est-ce donc, mon cher connétable? demanda Henri, assez inquiet de ce préambule ;

car pour accomplir l'acte gigantesque de son usur-
pation, il ne se sentait appuyé que sur la loyauté
des Bretons, et certaines âmes ne peuvent, en
matière de loyauté, avoir une foi bien robuste.

— Vous venez de dire, monseigneur, que le
roi de Castille avait échappé !

— Sans doute, je l'ai dit.

— Eh bien ! il y a équivoque, monseigneur,
et je vous engage à tirer vos fidèles serviteurs du
doute où vos paroles les ont plongés. Il y a donc
un autre roi de Castille que vous ?

Henri releva la tête comme le taureau qui
sent la pointe du picador.

— Expliquez-vous, cher connétable, dit-il.

— C'est facile. Si vous et moi ne savons à
quoi nous en tenir sur ce sujet, vous comprenez
que mes Bretons et vos Castillans ne s'y recon-
naîtront pas, et que les populations des autres
Espagnes, bien moins instruites encore que vos
Castillans et mes Bretons, ne sauront jamais s'il
faut crier vive le roi Henri ! ou vive le roi don
Pèdre !

Henri écoutait, mais sans savoir encore où
tendait le connétable. Néanmoins, comme le raisonnement lui paraissait fort logique, il faisait
de la tête un signe approbatif.

— Eh bien ? dit-il enfin.

— Eh bien, reprit Duguesclin, s'il y a deux
rois, ce qui fait confusion, commençons par en
défaire un.

— Mais il me semble que nous guerroyons
our cela, sire connétable, reprit Henri.

— Fort bien ; mais nous n'avons pas encore gagné une de ces batailles éclatantes qui vous renversent tout net un roi du trône. et en attendant ce jour-là qui décidera du destin de la Castil'e et du vôtre, vous ne savez point encore vous-même si vous n'êtes pas le roi.

— Qu'importe ! si je veux l'être.

— Alors, soyez-le.

— Mais, mon cher connétablé, ne suis-je pas déjà pour vous le seul, le véritable roi ?

— Cela ne suffit pas ; il faut que vous le soyez pour tout le monde.

— C'est ce qui me parait impossible, messire, avant le gain d'une bataille, l'acclamation d'une armée. ou la prise de quelque grande ville.

— Eh bien ! c'est à quoi j'ai songé, monseigneur.

— Vous !

— Sans doute, moi. Est-ce que vous croyez que parce que je frappe je ne pense pas? Détrompez-vous. Je ne frappe pas toujours et je pense quelquefois. Vous dites qu'il vous faut attendre le gain d'une bataille, l'acclamation d'une armée ou la prise d'une grande ville?

— Oui : une de ces trois choses-là. au moins.

— Eh bien ! ayons une de ces trois choses-là tout de suite.

— Cela me parait bien difficile, connétable, pour ne pas dire impossible.

— Pourquoi cela, sire?

— Parce que je crains.

— Ah ! si vous craignez, moi je ne crains ja:

mais, monseigneur, reprit vivement le connétable ; ne le faites pas, je le ferai.

— Nous tomberons de trop haut, connétable ;
de si haut, que nous ne nous relèverons pas.

— A moins que de tomber dans le sépulcre,
monseigneur, vous vous relèverez toujours, tant
que vous aurez autour de vous quatre chevaliers bretons et à votre côté cette brillante
épée castillane. Voyons, monseigneur, de la résolution !

— Oh ! j'en aurai dans l'occasion, soyez tranquille, messire connétable, reprit Henri dont
les yeux s'animaient à l'aspect plus rapproché
de la réalisation de son rêve. Mais je ne vois encore ni la bataille ni l'armée.

— Oui, mais vous voyez la ville.

Henri regarda autour de lui.

— Où sacre-t-on les rois dans ce pays, monseigneur ? demanda Duguesclin.

— A Burgos.

— Eh bien ! quoique mes connaissances géo-
raphiques soient peu étendues, il me semble,
onseigneur, que Burgos est dans nos environs.

— Sans doute ; vingt ou vingt-cinq lieues
ici tout au plus.

— Alors, ayons Burgos.

— Burgos ! répéta Henri.

— Sans doute, Burgos. Et si vous en avez
uelque envie, je vous la donnerai, moi, aussi
rai que mon nom est Duguesclin.

— Une ville si forte, connétable, dit Henri

en secouant la tête avec l'expression du doute ;
une ville capitale ! une ville dans laquelle, outre
la noblesse, on trouve une bourgeoisie puissante, composée de chrétiens, de juifs et de ma-
hométans, tous divisés dans les temps ordinai-
res, mais tous amis quand il s'agit de défendre
leurs priviléges ! Burgos, en un mot, la clef de
la Castille, et qui semble avoir été choisie comme
le plus imprenable sanctuaire par ceux qui y déposèrent la couronne et les insignes royaux !

— C'est là. s'il vous plaît, que nous irons,
monseigneur, dit tranquillement Duguesclin.

— Ami, dit le prince, ne vous laissez point
entraîner par un sentiment d'affection, par un
dévouement exagéré. Consultons nos forces.

— A cheval ! monseigneur, dit Bertrand en
saisissant la bride de la monture du prince qui
errait dans les genêts ; à cheval ! et marchons
droit à Burgos.

Et sur un signe du connétable, une trompette
bretonne donna le signal. Les dormeurs furent
les premiers en selle, et Bertrand, qui regardait
ses Bretons avec l'attention d'un chef et l'affection d'un père. remarqua que la plupart d'entre
eux, au lieu d'entourer le prince comme ils en
avaient l'habitude. affectaient au contraire de se
ranger autour de leur connétable et de le reconnaître pour leur seul et véritable chef.

— Il était temps, murmura le connétable en
se penchant à l'oreille d'Agénor.

— Temps de quoi ? demanda celui-ci, tressail-
lant comme un homme que l'on tire d'un rêve.

— Temps de rafraîchir l'activité de nos soldats, dit-il.

— Ce n'est point un mal, en effet, connétable, répondit le jeune homme, car il est dur pour des hommes d'aller on ne sait où, pour on ne sait qui.

Bertrand sourit ; Agénor répondait à sa pensée, et par conséquent lui donnait raison.

— Ce n'est pas pour vous que vous parlez, n'est-il pas vrai ? demanda Bertrand ; car je vous ai toujours vu le premier, ce me semble, aux marches et aux attaques pour l'honneur de notre pays.

— Oh ! moi, messire, je ne demande qu'à me battre et surtout à marcher, et jamais on n'ira assez vite pour moi.

Et en disant ces mots, Agénor se dressait sur ses étriers, comme si son regard eût voulu franchir les montagnes qui bornaient l'horizon.

Bertrand ne répondit rien ; il avait bien jugé tout le monde. Seulement il se contenta de consulter un garde qui lui assura que la route la plus courte pour gagner Burgos était de se diriger d'abord sur Calahorra, petite ville distante de six lieues à peine.

— Allons donc promptement à Calahorra, fit le connétable.

Et il piqua son cheval, donnant ainsi l'exemple de la précipitation.

Derrière lui s'ébranla avec un formidable bruit l'escadron de fer au centre duquel se trouvait Henri de Transtamare.

IX

LE MESSAGER.

Ce fut vers la fin du second jour de marche que la petite ville de Calahorra s'offrit aux regards de la troupe commandée par Henri de Transtamare et par Bertrand Duguesclin. Cette troupe, qui s'était recrutée, pendant les deux jours de marche, de tous les petits corps épars dans les environs, pouvait compter dix mille hommes à peu près.

La tentative qu'on allait faire sur la ville de Calahorra, sentinelle avancée de Burgos, était presque décisive. En effet, de ce point de départ qui donnait la mesure des sentiments de la Vieille-Castille, dépendait le succès ou l'insuccès de la campagne. Arrêté devant Calahorra, la marche de don Henri devenait une guerre; Calahorra franchi sans obstacle, don Henri s'avançait sur la voie triomphale.

L'armée, au reste, était pleine de bonnes dispositions; l'avis général était que don Pèdre était allé rejoindre de l'autre côté des montagnes un corps de troupes aragonaises et moresques dont on avait connaissance.

Les portes de la ville étaient fermées, les soldats qui les gardaient se tenaient à leur poste;

les sentinelles, l'arbalète à l'épaule, se promenaient sur la muraille : tout était en état, sinon de menace, du moins de défense.

Duguesclin conduisit sa petite armée jusqu'à une portée de flèche des remparts. Là il fit sonner un appel autour des drapeaux, et prononçant un discours tout empreint de l'assurance bretonne et de l'adresse d'un homme élevé à la cour de Charles V, il finit par proclamer don Henri de Transtamare roi des deux Castilles, de Séville et de Léon. à la place de don Pèdre, meurtrier, sacrilége, et chevalier indigne.

Ces paroles solennelles, que Bertrand prononça de toute la vigueur de ses poumons, firent jaillir dix mille épées du fourreau, et, sous le plus beau ciel du monde, à l'heure où le soleil allait se coucher derrière les montagnes de la Navarre, Calahorra, du haut de ses remparts, ut assister au spectacle imposant d'un trône qui tombe et d'une couronne qui surgit.

Bertrand, après avoir parlé, après avoir laissé parler l'armée, se tourna vers la ville comme pour demander son avis.

Les bourgeois de Calahorra si bien enfermés, si bien munis d'armes et de provisions qu'ils fussent, ne restèrent pas longtemps dans le doute. L'attitude du connétable était significative. Celle de ses gens d'armes, lance levée, ne l'était pas moins. Ils réfléchirent probablement que le poids seul de cette cavalerie suffirait à enfoncer eurs murailles et qu'il était plus simple d'obvier ce malheur en ouvrant les portes. Ils répondirent donc aux acclamations de l'armée par un cri enthousiaste de Vive don Henri de Transtamare, roi des Castilles, de Séville et de Léon !

Ces premières acclamations prononcées en langue castillane émurent profondément Henri ; il leva la visière de son casque, s'avançant seul vers les murailles.

— Dites vive le bon roi Henri ! cria-t-il, car je serai si bon pour Calahorra, qu'elle se souviendra à jamais de m'avoir salué, la première, roi des Castilles.

Pour le coup ce ne fut plus de l'enthousiasme, mais de la frénésie ; les portes s'ouvrirent comme si une fée les eût touchées de sa baguette, et une masse compacte de bourgeois, de femmes et d'enfants s'échappa de la ville et vint se mêler aux troupes royales.

En une heure s'organisa une de ces fêtes splendides dont la nature seule suffit à faire les frais ; toutes les fleurs, tout le vin, tout le miel de ce beau pays ; les psaltérions, les doulcines, la voix des femmes, les flambeaux de cire, le son des cloches, les chants des prêtres enivrèrent pendant toute la nuit le nouveau roi et ses compagnons.

Cependant, Bertrand avait assemblé son conseil de Bretons et leur disait :

— Voilà le prince don Henri de Transtamare roi proclamé, sinon sacré ; vous n'êtes plus les soutiens d'un aventurier, mais d'un prince qui possède terres, fiefs et titres. Je gage que Caverley regrettera de ne plus être avec nous.

Puis, au milieu de l'attention qu'on lui accordait toujours, non-seulement comme à un chef, mais comme à un guerrier aussi prudent que brave, aussi brave qu'expérimenté, il développa tout son système, c'est-à-dire ses espérances, qui devinrent bientôt celles des assistants.

Il achevait son discours lorsqu'on vint lui dire que le prince le faisait demander ainsi que les chefs bretons, et qu'il attendait ses fidèles alliés au palais du gouverneur de Calahorra, que celui-ci avait mis à la disposition du nouveau souverain.

Bertrand se rendit aussitôt à l'invitation reçue. Henri était déjà assis sur un trône, et un cercle d'or, signe de la royauté, entourait le cimier de son casque.

— Sire connétable, dit le prince en tendant la main à Duguesclin, vous m'avez fait roi, je vous fais comte ; vous me donnez un empire, je vous offre un domaine ; je m'appelle, grâce à vous Henri de Transtamare, roi des Castilles, de Séville et de Léon : vous vous appelez, grâce à moi, Bertrand Duguesclin, connétable de France et comte de Borgia.

Aussitôt une triple acclamation des chefs et des soldats prouva au roi qu'il venait non-seulement de faire un acte de reconnaissance, mais encore de justice.

— Quant à vous, nobles capitaines, continua le roi, mes présents ne seront pas à la hauteur de votre mérite ; mais vos conquêtes, agrandissant mes États et augmentant mes richesses, vous rendront plus puissants et plus riches.

En attendant, il leur fit distribuer sa vaisselle d'or et d'argent, les équipages de ses chevaux et tout ce que le palais de Calahorra renfermait de précieux ; puis il nomma gouverneur de la province celui qui n'était que gouverneur de la ville.

Puis, s'avançant sur le balcon, il fit distribuer aux soldats quatre-vingt mille écus d'or qui lui restaient. Puis, leur montrant ses coffres vides :

— Je vous les recommande, dit-il, car nous les remplirons à Burgos.

— A Burgos ! s'écrièrent soldats et capitaines.

— A Burgos ! répétèrent les habitants, pour qui cette nuit, passée en fêtes, en libations et en accolades, était déjà une suffisante épreuve de la fraternité, épreuve que la prudence conseillait de ne pas laisser dégénérer en abus.

Or, le jour était venu sur ces entrefaites, l'armée était prête à partir, déjà s'élevait la bannière royale au-dessus des pennons de chaque compagnie castillane et bretonne, quand un grand bruit se fit entendre à la porte principale de Calahorra et quand les cris du peuple, se rapprochant du centre de la ville, annoncèrent un événement d'importance.

Cet événement était un messager.

Bertrand sourit, Henri se redressa rayonnant.

— Qu'on lui fasse place, dit le roi.

La foule s'écarta.

On vit alors monté sur un cheval arabe, aux

naseaux fumants, à la longue crinière, frémissant sur ses jambes aiguës comme des lames d'acier, un homme de couleur basanée, enveloppé dans un burnous blanc.

— Le prince don Henri? demanda-t-il.

— Vous voulez dire le roi? dit Duguesclin.

— Je ne connais d'autre roi que don Pèdre, dit l'Arabe.

— En voilà un au moins qui ne tergiverse pas, murmura le connétable.

— C'est bien, dit le prince, abrégeons. Je suis celui à qui vous voulez parler.

Le messager s'inclina sans descendre de cheval.

— D'où venez vous? demanda don Henri.

— De Burgos.

— De la part de qui?

— De la part du roi don Pèdre.

— Don Pèdre est à B.rgos! s'écria Henri.

— Oui, seigneur. répon lit le messager.

Henri et Bertrand échan gèrent de un regard.

— Et que désire don Pèdre? demanda le prince.

— La paix, dit l'Arabe.

— Oh! oh! dit Bertrand, en qui l'honnêteté parlait vite et plus haut que tout intérêt, voilà une bonne nouvelle.

Henri fronça le sourcil.

Agénor tressaillait d'aise, la paix c'était la liberté de courir après Aïssa et la liberté de l'atteindre.

— Et cette paix, reprit Henri d'une voix

aigre, à quelle condition nous sera-t-elle accordée?

— Répondez, monseigneur, que vous la désirez comme nous, fit l'envoyé, et le roi mon maître sera facile sur les conditions.

Cependant Bertrand avait réfléchi à la mission qu'il avait reçue du roi Charles V, mission de vengeance à l'égard de don Pèdre, et de destruction à l'égard des grandes compagnies.

— Vous ne pouvez accepter la paix, dit-il à Henri, avant d'avoir réuni de votre côté assez d'avantages pour que les conditions soient bonnes.

— Je le pensais ainsi, mais j'attendais votre assentiment, répliqua vivement Henri, qui tremblait à l'idée de partager ce qu'il voulait entièrement.

— Que répond monseigneur? demanda le messager :

— Répondez pour moi, comte de Borgia, dit le roi.

— Je le veux, sire, répondit Bertrand en s'inclinant.

Puis, se retournant vers le messager.

— Seigneur héraut, dit-il, retournez vers votre maître, et dites-lui que nous traiterons de la paix quand nous serons à Burgos.

— A Burgos! s'écria l'envoyé avec un accent qui dénotait plus de crainte que de surprise.

— Oui, à Burgos.

— Dans cette petite ville que tient le roi don Pèdre avec son armée?

— Précisément, fit le connétable,

— C'est votre avis, seigneur ? reprit le héraut
n se tournant vers Henri de Transtamare.

Le prince fit un signe affirmatif.

— Dieu vous conserve donc ! reprit l'envoyé
n se couvrant la tête de son manteau.

Puis s'inclinant devant le prince avant de
artir, comme il avait fait en arrivant, il tourna
bride de son cheval et repartit au pas, traver-
nt la foule qui, trompée dans ses espérances, se
nait muette et immobile sur son passage.

— Allez plus vite, seigneur messager, lui cria
ertrand, si vous ne voulez pas que nous arri-
ions avant vous.

Mais le cavalier, sans retourner la tête, sans
araître s'apercevoir que ces paroles lui étaient
dressées, laissa son cheval passer insensiblement
'une allure modérée à un pas rapide, puis enfin
une course si précipitée, qu'on l'avait déjà
erdu de vue du haut des remparts, quand
'avant-garde bretonne sortit des portes de Cala-
iorra pour marcher sur Burgos.

Certaines nouvelles traversent les airs comme
les atomes que roule le vent ; elles sont un souffle, une senteur, un rayon de lumière. Elles
touchent, avertissent, éblouissent à la même
distance que l'éclair. Nul ne peut expliquer ce
phénomène d'un événement deviné à vingt
ieues de distance. Cependant déjà le fait que
nous signalons est passé à l'état de certitude. Un
'our peut-être la science, qui aura approfondi ce
problème, ne daignera même plus l'expliquer, et
elle traitera d'axiome ce qu'aujourd'hui nous

appelons un mystère de l'organisation humaine.

Toujours est-il que le soir du jour où don Henri était entré dans Calahorra, côte à côte avec le connétable, la nouvelle de la proclamation de Henri comme roi des Castilles, de Séville et de Léon, vint s'abattre sur Burgos, où don Pèdre venait d'entrer lui-même depuis un quart d'heure.

Quel aigle, en passant dans le ciel, l'avait laissée tomber de ses serres? Nul ne put le dire, mais en quelques instants tout le monde en fut convaincu.

Don Pèdre seul doutait, Mothril le ramena à l'opinion de tout le monde en lui disant :

— Il est à craindre que cela soit, cela doit être, donc cela est.

— Mais, dit don Pèdre, en supposant même que ce bâtard soit entré à Calahorra, il n'est pas probab'e qu'il ait été proclamé roi.

— S'il ne l'a pas été hier, dit Mothril, il le sera certainement aujourd'hui.

— Alors, marchons à lui et faisons la guerre, dit don Pèdre.

— Non pas! restons où nous sommes, et faisons la paix, dit Mothril.

— Faire la paix!

— Oui, achetez-la même, si c'est nécessaire.

— Malheureux! s'écria don Pèdre furieux.

— Une promesse, dit Mothril en haussant les épaules; cela coûte-t-il donc si cher, et à vous surtout, seigneur roi?

— Ah ! ah ! fit don Pèdre , qui commençait à comprendre.

— Sans doute , continua Mothril ; que veut don Henri? un trône, faites-le-lui de la taille qu'il vous p'aira : vous l'en précipiterez ensuite. Si vous le faites roi , il ne se défiera plus de vous, qui lui aurez mis la couronne sur la tête. Est-il donc si avantageux , je vous le demande. d'avoir sans cesse, dans des endroits inconnus, un rival qui , comme la foudre , peut tomber on ne sait quand. ni l'on ne sait d'où? Assignez à don Henri un royaume, enc'avez-'e dans des limites qui vous soient bien familières ; faites de lui ce que l'on fait de l'esturgeon. à qui. en apparence. on donne tout un vivier avec mille repaires. On est sûr de le trouver quand on le chasse dans ce bassin préparé pour lui. Cherchez-le dans toute la mer !

— C'est vrai , dit don Pèdre de plus en plus attentif.

— S'il vous demande Léon. continua Mothril, donnez-lui Léon : il ne l'aura pas plutôt accepté, qu'il faudra qu'il vous en remercie ; vous l'aurez alors à vos côtés , à votre table, à votre bras : un jour. une heure, dix minutes, c'est une occasion que jamais la fortune ne vous offrira tant que vous guerroierez l'un contre l'autre. Il est à Calahorra, dit-on ; donnez-lui tout le terrain qui est entre Calahorra et Burgos, vous n'en serez que plus près de lui.

Don Pèdre comprenait tout à fait Mothril.

— Oui , murmura-t-il tout pensif, c'est ainsi que je rapprochai don Frédéric.

— Ah ! dit Mothril, je croyais en vérité que vous aviez perdu la mémoire.

— C'est bien ! dit don Pèdre en laissant tomber sa main sur l'épaule de Mothril, c'est bien.

Et le roi envoya vers don Henri un de ces Mores infatigables qui mesurent les journées par les trente lieues que franchissent leurs chevaux.

Il ne paraissait pas douteux à Mothril que Henri acceptât, ne fût-ce que dans l'espoir d'enlever à don Pèdre la seconde partie de l'empire, après avoir accepté la première. Mais on comptait sans le connétable. Aussi, dès que la réponse arriva de Calahorra, don Pèdre et ses conseillers furent-ils, consternés, d'abord parce qu'ils ne croyaient pas à l'élection du prétendant, ensuite parce qu'ils s'en exagéraient les conséquences.

Cependant don Pèdre avait une armée ; mais une armée est moins forte quand elle est assiégée. Il avait Burgos ; mais la fidélité de Burgos était-elle bien assurée ?

Mothril ne dissimula point à don Pèdre que les habitants de Burgos passaient pour être grands amateurs de nouveautés.

— Nous brûlerons la ville, dit don Pèdre.

Mothril secoua la tête.

— Burgos, dit-il, n'est pas une de ces villes qui se laissent brûler impunément. Elle est habitée d'abord par des chrétiens qui détestent les Mores, et les Mores sont vos amis ; par des musulmans qui détestent les juifs, et les juifs sont vos trésoriers ; enfin par des juifs qui détestent les chrétiens, et vous avez bon nombre de chrétiens dans votre

armée. Ces gens-là s'entre-déchirent au lieu de
déchirer l'armée de don Henri ; ils feront mieux.
chacun des trois partis livrera les deux autres au
prétendant. Trouvez un prétexte. croyez-moi,
pour quitter Burgos. sire, et quittez Burgos, je
vous le conseille. avant qu'on n'y apprenne la
nouvelle de l'élection de don Henri.

— Si je quitte Burgos, c'est une ville perdue
pour moi, dit don Pèdre hésitant.

— Non pas ; en revenant assiéger don Henri,
vous le retrouverez dans la position où nous
sommes aujourd'hui, et puisque vous recon-
naissez que l'avantage est pour lui à cette heure,
l'avantage alors sera pour vous. Essayez de la
retraite, monseigneur.

— Fuir ! s'écria don Pèdre en montrant son
poing fermé au ciel.

— Ne fuit pas qui revient, sire, reprit Mothril.

Don Pèdre hésitait encore ; mais la vue fit bientôt ce que ne pouvait faire le conseil. Il remarqua
des groupes grossissant au seuil des portes ; des
groupes plus nombreux encore dans les carre-
fours, et parmi les hommes qui composaient ces
groupes, il en entendit un qui disait :

— Le roi don Henri.

— Mothril, dit-il, tu avais raison. Je crois à
mon tour qu'il est temps de partir.

Deux minutes après, le roi don Pèdre quittait
Burgos, au moment même où apparaissaient les
bannières de don Henri de Transtamare au
sommet des montagnes des Asturies.

X

LE SACRÉ.

Les habitants de Burgos, qui tremblaient à l'idée d'être pris entre les deux compétiteurs, et qui se voyaient dans ce cas destinés à payer les frais de la guerre, n'eurent pas plutôt reconnu la retraite de don Pèdre et aperçu les étendards de don Henri, qu'à l'instant même, par un revirement facile à comprendre, ils devinrent les plus fougueux partisans du nouveau roi.

Quiconque, dans les guerres civiles, montre une infériorité même passagère, est sûr de tomber d'un seul coup à quelques degrés plus bas que cette infériorité même né le comportait. La guerre civile n'est pas seulement un conflit d'intérêts, c'est une lutte d'amour-propre. Reculer dans ce cas, c'est se perdre. L'avis donné par Mothril, avis puisé dans sa nature moresque, chez laquelle les appréciations du courage sont toutes différentes des nôtres, était donc mauvais pour les chrétiens, qui, en définitive, formaient le chiffre le plus élevé de la population de Burgos.

De son côté, la population mahométane et juive, dans l'espoir de gagner quelque chose à ce

changement, se réunit à la population chrétienne
pour proclamer don Henri roi des Castilles . de
Séville et de Léon, et pour déclarer don Pèdre
déchu du rang de roi.

Ce fut donc au bruit d'acclamations unanimes
que don Henri, conduit par l'évêque de Burgos.
se rendit au palais, tiède encore de la présence
de don Pèdre.

Duguesclin installa ses Bretons dans Burgos,
et plaça tout autour les compagnies françaises et
italiennes qui étaient restées fidèles à 'eurs en-
gagements. quand les compagnies anglaises l'a-
vaient quitté. De cette façon, il surveillait la
ville sans la gêner. La discipline la plus sévère
avait d'ailleurs été établie ; le moindre vol devait
être puni de mort chez les Bretons et du fouet
chez les étrangers. Il comprenait que cette con-
quête, qui s'était laissé volontairement conquérir, avait besoin de grands ménagements, et
qu'il importait que ses soldats fussent adoptés
par ces nouveaux adhérents à la cause de l'u-
surpation.

— Maintenant, dit-il à Henri, de la so'en-
nité, monseigneur, s'il vous plaît. Envoyez
cherchez la princesse votre femme qui attend
impatiemment de vos nouvelles en Aragon ;
qu'on la couronne reine en même temps que
l'on vous couronnera roi. Rien ne fait bon effet
dans les cérémonies, j'ai remarqué cela en France,
comme les femmes et le drap d'or. Et puis beaucoup de gens mal disposés à vous aimer, et qui
ne demandent pas mieux cependant que de

tourner le dos à votre frère, se prendront d'un zèle ardent pour la nouvelle reiue, si, comme on le dit, c'est une des belles et gracieuses princesses de la chrétienté. Puis, ajouta le bon connétable, c'est un point sur lequel votre frère ne pourra pas lutter avec vous, puisqu'il a tué la sienne. Et quand on vous verra si bon époux pour Jeanne de Castille, chacun lui demandera, à lui, ce qu'il a fait de Blanche de Bourbon.

Le roi sourit à ces paroles, dont il était forcé de reconnaître la logique; d'ailleurs, en même temps qu'elles satisfaisaient son esprit, elles flattaient son orgueil et sa manie d'ostentation. La reine fut donc mandée à Burgos.

Cependant la ville se pavoisait de tapisseries; les guirlandes de fleurs se suspendaient aux murailles, et les rues jonchées de palmes disparaissaient sous un tapis verdoyant. De toutes parts, attirés par la pompe du spectacle promis, les Castillans accouraient sans armes, joyeux, indécis peut-être encore, mais s'en remettant pour prendre une décision définitive à l'effet que produiraient sur eux la splendeur de la cérémonie et la munificence de leur nouveau maître.

Lorsqu'on signala l'arrivée de la reine, Duguesclin se mit à la tête de ses Bretons et alla la recevoir à une lieue de la ville.

C'était en effet une belle princesse que la princesse Jeanne de Castille, rehaussée qu'elle était par l'éclat d'une splendide parure et d'un équipage vraiment royal.

Elle était, dit la chronique, dans un char revêtu de drap d'or et enrichi de pierreries. Les trois sœurs du roi l'accompagnaient, et leurs dames d'honneur suivaient dans des équipages presque aussi magnifiques.

Autour de ces brillantes litières, une nuée de pages éblouissants de soie, d'or et de joyaux, faisaient voltiger avec grâce de superbes coursiers de l'Andalousie, dont la race, croisée avec la race arabe, donne des chevaux vites comme le vent et orgueilleux comme les Castillans eux-mêmes.

Le soleil étincelait sur ce brillant cortége, attachant en même temps ses rayons de feu aux vitraux de la cathédrale, et chauffant la vapeur de l'encens d'Égypte que des religieuses brûlaient dans des encensoirs d'or.

Mêlés aux chrétiens pressés sur la route de la reine, les musulmans, revêtus de leurs cafetans les plus riches, admiraient ces femmes si nobles et si belles, que leurs voiles légers, flottant au souffle de la brise, défendaient contre le soleil, mais non contre les regards.

Aussitôt que la reine vit venir à elle Duguesclin, reconnaissable à son armure dorée et à l'épée de connétable que portait devant lui un écuyer, sur un coussin de velours bleu fleurdelisé d'or, elle fit arrêter les mules blanches qui traînaient son char et descendit précipitamment du siége sur lequel elle était assise.

A son exemple, et sans savoir quelles étaient les intentions de Jeanne de Castille, les sœurs du roi et les dames de leur suite mirent pied à terre,

La reine s'avança vers Duguesclin qui, en l'apercevant, venait de sauter à bas de son cheval. Alors, elle doubla le pas, dit la chronique, et vint à lui les bras étendus.

Celui-ci déboucla aussitôt la visière de son casque, et le fit voler derrière lui. De sorte que, le voyant à visage découvert, dit toujours la chronique, la reine se suspendit à son cou et l'embrassa comme eût pu faire une tendre sœur.

— C'est à vous, s'écria-t-elle avec une émotion si profondément sentie qu'elle gagna le cœur des assistants, c'est à vous, illustre connétable, que je dois ma couronne! Honneur inespéré qui vient à ma maison! Merci, chevalier; Dieu vous récompensera dignement. Quant à moi, je ne puis qu'une chose : c'est égaler le service par la reconnaissance.

A ces mots et surtout à cette accolade royale, si honorable pour le bon connétable, un cri d'assentiment, cri presque formidable par le grand nombre de voix qui y avaient pris part, s'éleva du sein du peuple et de l'armée, accompagné d'applaudissements unanimes.

— Noël au bon connétable! criait-on; joie et prospérité à la reine Jeanne de Castille!

Les sœurs du roi étaient moins enthousiastes : c'étaient de malignes et rieuses jeunes filles. Elles regardaient le connétable de côté, et comme la vue du bon chevalier les rappelait naturellement de l'idéal qu'elles s'étaient fait à la réalité qu'elles avaient devant les yeux, elles chuchotaient;

— C'est donc là cet illustre guerrier ; comme il a la tête grosse !

— Et voyez donc, comtesse, comme il a les épaules rondes ! continua la seconde des trois sœurs.

— Et comme il a les jambes cagneuses ! dit la troisième.

— Oui, mais il a fait notre frère roi, reprit l'aînée pour mettre fin à cette investigation, peu avantageuse au bon chevalier.

Le fait est que l'illustre chevalier avait cette grande âme qui lui a fait faire tant de belles et nobles choses, dans un moule assez peu digne d'elle ; son énorme tête bretonne, si pleine de bonnes idées et de généreuse opiniâtreté, eût semblé vulgaire à quiconque se fût dispensé de remarquer le feu qui jaillissait de ses yeux noirs et l'harmonie de la douceur et de la fermeté unies dans ses traits.

Certes, il avait les jambes arquées, mais le bon chevalier avait monté tant de fois à cheval pour le plus grand honneur de la France, qu'on ne pouvait. sans manquer à la reconnaissance, lui reprocher cette courbe contractée à force d'emboîter sa généreuse monture.

Sans doute c'était avec justesse que la seconde sœur du roi avait remarqué la rondeur des épaules de Duguesclin, mais à ces épaules inélégantes s'attachaient ces bras musculeux dont un seul effort, faisait ployer cheval et cavalier dans la mêlée.

La foule ne pouvait dire ; « Voilà un beau seigneur ; « mais elle disait : « Voilà un redoutable seigneur. »

Après ce premier échange de politesses et de remerciments, la reine monta sur une mule blanche d'Aragon, couverte d'une housse brodée d'or et d'un harnais d'orfévrerie et de joyaux, présent des bourgeois de Burgos.

Elle pria Duguesclin de marcher à sa gauche, choisit pour accompagner les sœurs du roi messire Olivier de Mauny, le Bègue de Vilaines, et cinquante autres chevaliers, qui partirent à pied près des dames d'honneur.

On arriva ainsi au palais ; le roi attendait sous un dais de drap d'or, près de lui était le comte de Lamarche arrivé le matin même de France. En apercevant la reine, il se leva ; la reine, de son côté, descendit de cheval et vint s'agenouiller devant lui. Le roi la releva, et, après l'avoir embrassée, prononça tout haut ces mots :

— Au monastère de las Huc'gas !

C'était dans ce monastère que devait avoir lieu le couronnement.

Chacun suivit donc le roi et la reine en criant Noël.

Agénor, pendant tout ce bruit et ces fêtes, s'était retiré dans un logis écarté et sombre, avec le fidèle Musaron.

Seulement, ce dernier, qui n'était point amoureux, mais tout au contraire curieux et fureteur comme un écuyer gascon, avait laissé son maître se renfermer seul et avait profité de sa retraite pour visiter la ville et assister à toutes les

cérémonies. Le soir, lorsqu'il revint près d'Agénor, il avait donc tout vu et savait tout ce qui
s'était passé.

Il trouva Agénor errant dans le jardin de son
logis, et là, désireux de faire part des nouvelles
qu'il avait récoltées, il apprit à son maître que
le connétable n'était plus seulement comte de
Borgia, mais encore qu'avant de se mettre à table, la reine avait demandé une grâce au roi, et
que cette grâce lui ayant été accordée, elle avait
donné à Duguesclin le comté de Transtamare.

— Belle fortune, dit distraitement Agénor.

— Ce n'est pas tout, monsieur, continua Musaron, encouragé à continuer par cette réponse,
qui, si courte qu'elle fût, lui prouvait qu'il était
écouté. Le roi, à cette demande de la reine, s'est
piqué d'honneur, et, avant que le connétable eut
eu le temps de se relever : « Messire, » dit-il,
« le comté de Transtamare est le don de la
reine ; à mon tour de vous faire le mien ; je
vous donne, moi, le comté de Soria. »

— On le comble, et c'est justice, dit Agénor.

— Mais ce n'est pas tout encore, continua Musaron, tout le monde a eu sa part dans la munificence royale.

Agénor sourit en songeant qu'il avait été oublié, lui qui, dans sa position secondaire, avait
bien aussi rendu quelques services à don Henri.

— Tout le monde ? reprit-il ; comment cela ?

— Oui, seigneur ; les capitaines, les officiers,
et jusqu'aux soldats. En vérité, je ne cesse de m'a-
dresser deux questions : la première, comment

l'Espagne est assez grande pour contenir tout ce que le roi donne? la seconde, comment tous ces gens-là seront assez forts pour emporter ce qu'on leur aura donné?

Mais Agénor avait cessé d'écouter, et Musaron attendit vainement une réponse à la plaisanterie qu'il venait de faire. La nuit était venue sur ces entrefaites, et Agénor, adossé à l'un de ces balcons découpés en trèfle dont les jours sont remplis de feuillages et de fleurs qui grimpent le long des piliers de marbre et forment une voûte au-dessus des fenêtres, Agénor écoutait le bruit lointain des cris de fête qui venaient mourir autour de lui. En même temps la brise du soir rafraîchissait son front plein d'ardentes pensées, et l'odeur pénétrante des myrtes et des jasmins lui rappelait les jardins de l'Alcazar de Séville et d'Ernauton de Bordeaux. C'étaient tous ces souvenirs qui l'avaient distrait des récits de Musaron.

Aussi Musaron, qui savait manier l'esprit de son maître selon la circonstance, tâche toujours facile à ceux qui nous aiment et qui connaissent nos secrets, Musaron choisit, pour ramener à lui l'esprit de son maître, un sujet qu'il crut devoir le tirer inévitablement de sa rêverie.

— Savez-vous, seigneur Agénor, dit-il, que toutes ces fêtes ne sont que le prélude de la guerre, et qu'une grande expédition contre don Pèdre va suivre la cérémonie d'aujourd'hui, c'est-à-dire donner le pays à celui qui a pris la couronne?

— Eh bien ! répondit Agénor, soit ! nous ferons cette expédition.

— Il y a loin à aller, messire.

— Eh bien ! nous irons loin.

— C'est là (Musaron montra de la main l'immensité), c'est là que messire Bertrand veut laisser pourrir les os de toutes les compagnies, vous savez ?

— Eh bien ! nos os pourriront de compagnie, Musaron.

— C'est certainement un grand honneur pour moi, monseigneur ; mais...

— Mais, quoi ?

— Mais on a bien raison de dire que le maître est le maître, et le serviteur le serviteur, c'est-à-dire une pauvre machine.

— Pourquoi cela, Musaron ? demanda Agénor, frappé enfin du ton de doléance qu'affectait de prendre son écuyer.

— C'est que nous différons essentiellement : vous qui êtes un noble chevalier, vous servez vos maîtres pour l'honneur, à ce qu'il paraît ; mais moi...

— Eh bien ! toi...

— Moi je vous sers pour l'honneur aussi d'abord, et puis pour le plaisir de votre société, et puis enfin pour toucher mes gages.

— Mais, moi aussi, j'ai mes gages, reprit Agénor avec quelque amertume. N'as-tu pas vu l'autre jour messire Bertrand m'apporter cent écus d'or de la part du roi, du nouveau roi ?

— Je le sais, messire,

— Eh bien! de ces cent écus d'or, ajouta l
jeune homme en riant, n'as-tu pas eu ta part?

— Et ma bonne part, certes, puisque j'ai eu
tout.

— Alors, tu vois bien que j'ai mes gages aussi,
puisque c'est toi qui les touches.

— Oui; mais voilà où j'en voulais venir, c'est
que vous n'êtes point payé selon vos mérites.
Cent écus d'or! je citerais trente officiers qui en
ont reçu cinq cents et que, par-dessus le marché,
le roi a faits barons ou bannerets, ou même
sénéchaux de sa maison.

— Ce qui veut dire que le roi m'a oublié,
n'est-ce pas?

— Absolument.

— Tant mieux, Musaron, tant mieux; j'aime
assez que les rois m'oublient; pendant ce temps
ils ne me font pas de mal, au moins.

— Allons donc! dit Musaron, voulez-vous
me faire accroire que vous êtes heureux de rester à vous ennuyer dans ce jardin, tandis que les
autres sont là-bas à occupés entre-choquer les
coupes d'or, et à rendre aux dames leurs doux
sourires?

— Il en est cependant ainsi, maître Musaron,
répondit Agénor. Et quand je vous le dis, je
vous prie de le croire. Je me suis plus amusé seul
sous ces myrtes, seul à seule avec ma pensée,
que cent chevaliers ne l'ont fait là-bas en s'eni-
nivrant de vin de Xérès, au palais royal.

— Cela n'est point naturel.

— C'est pourtant ainsi.

Musaron secoua la tête.

— J'aurais servi Votre Seigneurie à table, dit-il, et c'est flatteur de pouvoir dire, quand on revient dans son pays : « J'ai servi mon maître au festin du couronnement du roi Henri de Transtamare. »

Agénor secoua la tête à son tour avec un sourire mélancolique.

— Vous êtes l'écuyer d'un pauvre aventurier, maître Musaron, dit-il ; contentez-vous de vivre ; c'est preuve que vous n'êtes pas mort de faim, ce qui aurait bien pu nous arriver à nous. cela étant arrivé à tant d'autres. D'ailleurs ces cent écus d'or...

— Sans doute, ces cent écus d'or, je les ai, dit Musaron, mais si je les dépense, je ne les aurai plus, et avec quoi alors vivrons-nous ? Avec quoi payerons-nous les mires et les docteurs, quand votre beau zèle pour don Henri nous aura fait navrer et meurtrir ?

— Tu es un brave serviteur, Musaron, dit Agénor en riant, et ta santé m'est chère. Va donc te reposer, Musaron, il se fait tard, et laisse-moi m'amuser de nouveau à ma manière en m'entretenant avec mes pensées. Va, et demain tu en seras plus dispos pour reprendre le harnois.

Musaron obéit. Il se retira en riant sournoisement ; car il croyait avoir éveillé un peu d'ambition dans le cœur de son maître, et il espérait que cette ambition porterait ses fruits.

Toutefois, il n'en était rien. Agénor, tout entier à ses pensées d'amour, ne s'occupait en réa-

lité ni de duchés ni de trésors; il souffrait de
cette nostalgie douloureuse qui nous fait regret-
ter comme une seconde patrie tout pays où nous
avons été heureux.

Il regrettait donc les jardins de l'Alcazar et
de Bordeaux.

Et cependant, comme une trace de lumière
reste dans le ciel quand le soleil a déjà disparu,
une trace des paroles de Musaron était restée
dans son esprit, même après le départ de l'é-
cuyer.

— Moi, disait-il, moi, devenir un riche seigneur, un puissant capitaine! Non, je ne pres-
sens rien de pareil dans ma destinée. Je n'ai de
goût, de forces, d'ardeur que pour conquérir un
seul bonheur. Que m'importe à moi qu'on m'ou-
b'ie dans la distribution des grâces royales? les
rois sont tous ingrats ; que m'importe que le
connétable ne m'ait pas convié à la fête et distingué parmi les capitaines? les hommes sont ou-
blieux et injustes. Puis, à tout prendre, ajouta-
t-il, quand je serai las de leur oubli et de leur
injustice, je demanderai un congé.

— Tout beau! s'écria une voix près d'Agénor,
qui tressaillit et recula presque effrayé, tout
beau! jeune homme, nous avons besoin de
vous.

Agénor se retourna et vit deux hommes enveloppés de manteaux sombres, qui venaient
d'apparaître au fond du cabinet de verdure qu'il
croyait solitaire, sa préoccupation l'ayant empê-
ché d'entendre le bruit de leurs pas sur le sable.

Celui qui avait parlé vint à Mauléon et lui toucha le bras.

— Le connétable ! murmura le jeune homme.

— Qui vient vous prouver, par sa présence, qu'il ne vous oubliait pas, continua Bertrand.

— C'est que, vous, vous n'êtes pas roi, dit Mauléon.

— C'est vrai, le connétable n'est pas roi, dit le second personnage, mais moi je le suis, comte, et c'est même à vous, je m'en souviens, que je suis redevable d'une part de ma couronne.

Agénor reconnut don Henri.

— Seigneur, balbutia-t-il tout éperdu, pardonnez-moi, je vous prie.

— Vous êtes tout pardonné, messire, répondit le roi ; seulement comme vous n'avez en rien participé aux récompenses des autres, vous aurez quelque chose de mieux que ce que les autres ont eu.

— Rien, sire, rien ! reprit Mauléon, je ne veux rien, car on croirait que j'ai demandé.

Don Henri sourit.

— Tranquillisez-vous, chevalier, répondit-il, on ne dira pas cela, je vous en réponds, car peu de gens demanderaient ce que je veux vous offrir. La mission est pleine de danger, mais elle est en même temps si honorable qu'elle forcera la chrétienté tout entière à jeter les yeux sur vous. Seigneur de Mauléon, vous allez être mon ambassadeur, et je suis roi.

— Oh ! monseigneur, j'étais loin de m'attendre à un semblable honneur.

— Allons, pas de modestie, jeune homme, dit Bertrand, le roi voulait d'abord m'envoyer où vous allez, mais il a réfléchi que l'on peut avoir besoin de moi ici pour mener les compagnons, gens difficiles à mener, je vous jure. J'ai parlé de vous à Son Altesse juste au moment où vous nous accusiez de vous oublier, comme d'un homme éloquent, ferme, et qui possède la langue espagnole à fond. Béarnais, vous êtes en effet à moitié Espagnol. Mais, comme vous le disait le roi, la mission est dangereuse : il s'agit d'aller trouver don Pèdre.

— Don Pèdre ! s'écria Agénor avec un transport de joie.

— Ah ! ah ! cela vous plaît, chevalier, à ce que je vois, reprit Henri.

Agénor sentit que la joie le rendait indiscret ; il se contint.

— Oui, sire, cela me plaît, dit-il, car j'y vois une occasion de servir Votre Altesse.

— Vous me servirez en effet, et beaucoup, reprit Henri ; mais je vous en préviens, mon noble messager, au péril de votre vie.

— Ordonnez, sire.

— Il faudra, continua le roi, traverser toute la plaine de Ségovie, où don Pèdre doit être en ce moment. Je vous donnerai pour lettre de créance un joyau qui vient de notre frère, et que don Pèdre reconnaîtra certainement. Mais réfléchissez bien à ce que je vais vous dire, avant d'accepter, chevalier.

— Dites, sire.

— Il vous est enjoint, si vous êtes attaqué en route, fait prisonnier, menacé de mort, il vous est enjoint de ne pas découvrir le but de votre mission ; vous décourageriez trop nos partisans en leur apprenant qu'au plus haut de ma prospérité j'ai fait des ouvertures de conciliation à mon ennemi.

— De conciliation ! s'écria Agénor surpris.

— Le connétable le veut, dit le roi.

— Sire, je ne veux jamais, je prie, dit le connétable. J'ai prié Votre Altesse de bien peser la gravité, aux yeux du Seigneur, d'une guerre pareille à celle que vous faites. Ce n'est pas le tout que d'avoir pour soi les rois de la terre, en pareille occurrence, il faut encore avoir le roi du ciel. Je manque à mes instructions, c'est vrai, en vous poussant à la paix. Mais le roi Charles V lui-même m'approuvera dans sa sagesse quand je lui dirai : « Sire roi, c'étaient deux enfants nés du même père, deux frères, qui, ayant tiré l'épée l'un contre l'autre, pouvaient se rencontrer un jour et s'entr'égorger. Sire roi, pour que Dieu pardonne à un frère de tirer l'épée contre son frère, il faut qu'auparavant celui qui désire le pardon de Dieu ait mis tous les droits de son côté. » Don Pèdre vous a offert la paix, vous avez refusé, car en acceptant on aurait pu croire que vous aviez peur ; maintenant que vous êtes vainqueur, que vous êtes sacré, que vous êtes roi, offrez-la-lui à votre tour, et l'on dira que vous êtes un prince magnanime, sans ambition, ami seulement de la justice ; et la part d'Etats que

vous perdrez maintenant vous reviendra bientôt
par le libre arbitre de vos sujets. S'il refuse, eh
bien! nous irons en avant, vous n'aurez plus
rien à vous reprocher, et il se sera voué lui-même
à sa ruine.

— Oui, répondit Henri en soupirant; mais
retrouverai-je l'occasion de le ruiner?

— Seigneur, dit Bertrand, j'ai dit ce que j'ai
dit et parlé selon ma conscience. Un homme qui
veut marcher dans le droit chemin ne doit pas
se dire que peut-être ce chemin eût été aussi
droit en faisant des détours.

— Soit donc! fit le roi en prenant son parti,
du moins en apparence.

— Votre Majesté est bien convaincue alors?
dit Bertrand.

— Oui, sans retour.

— Et sans regret?

— Oh! oh! dit Henri, vous en demandez
trop, seigneur connétable. Je vous donne carte
blanche pour me faire faire la paix, n'en demandez pas davantage.

— Alors, sire, dit Bertrand, permettez que je
donne au chevalier ses instructions, telles que
nous les avons arrêtées.

— Ne prenez pas cette peine, interrompit vivement le roi. J'expliquerai tout cela au comte,
et d'ailleurs, fit-il plus bas, vous savez ce que
j'ai à lui remettre.

— Très-bien, sire, dit Bertrand, qui ne soup-
çonnait rien dans l'empressement que le roi avait
mis à l'écarter.

Et il s'éloigna. Mais il n'avait pas encore touché le seuil, qu'il revint sur ses pas :

— Vous vous souvenez, sire, dit-il : une bonne paix, moitié du royaume s'il le faut, conditions toutes fraternelles! Un manifeste bien prudent, bien chrétien, rien de provoquant pour l'orgueil.

— Oui, certes, dit le roi en rougissant malgré lui, oui, soyez bien certain de mes intentions, connétable.

Bertrand ne crut pas devoir insister. Cependant, sa défiance semblait avoir été un instant éveillée; mais le roi le congédia avec un sourire si amical, que sa défiance se rendormit.

Le roi suivit Bertrand des yeux.

— Chevalier, dit-il à Mauléon dès que le connétable se fut perdu dans les arbres, voici le joyau qui doit vous accréditer près de don Pèdre; mais que les paroles que vient de prononcer le connétable s'effacent de votre souvenir, pour laisser les miennes s'y graver profondément.

Agénor fit signe qu'il écoutait.

— Je promets la paix à don Pèdre, continua Henri, je lui abandonnerai la moitié de l'Espagne à partir de Madrid jusqu'à Cadix, je demeurerai son frère et son allié, mais à une condition.

Agénor leva la tête, plus surpris encore du ton que des paroles du prince.

— Oui, reprit Henri ; quoi qu'en dise le connétable, je le répète, à une condition. Vous paraissez surpris, Mauléon, que je cache quelque chose au bon chevalier. Écoutez : le connétable est un Breton, homme opiniâtre dans sa probité,

mais mal instruit du peu que valent les serments
en Espagne, pays où la passion brûle plus ardemment les cœurs que le soleil ne le fait du
sol. Il ne peut donc savoir à quel point don Pèdre me hait. Il oublie, lui, le Breton loyal, que
don Pèdre a tué mon frère, don Frédéric, par
trahison, et a étranglé la sœur de son maître
sans jugement. Il se figure qu'ici, comme en
France, la guerre se fait sur les champs de bataille. Le roi Charles, qui lui a commandé d'exterminer don Pèdre, le connaît mieux, lui aussi;
c'est son génie qui m'a inspiré les ordres que je
vous donne.

Agénor s'inclina, effrayé au fond de l'âme de
ces royales confidences.

— Vous irez donc près de don Pèdre, continua le roi, et vous lui promettrez en mon nom
ce que je vous ai dit, moyennant que le More
Mothril et douze notables de sa cour, dont voici
les noms sur ce vélin, me seront remis avec leurs
familles et leurs biens comme otages.

Agénor tressaillit. Le roi avait dit douze notables et leurs familles; Mothril, s'il venait à la
cour du roi Henri, devait donc venir avec Aïssa.

— Auquel cas, continua le roi, vous me les
amènerez.

Un frisson de joie passa dans les veines d'Agénor, et n'échappa point à Henri, seulement il
s'y trompa.

— Vous vous effrayez, dit don Henri, ne
craignez rien; vous pensez qu'au milieu de ces
mécréants votre vie court des dangers par les che-

mins. Non, le danger n'est pas grand, à mon avis du moins ; gagnez vite le Douro, et dès que vous en aurez franchi le cours, vous trouverez sur ce côté-ci de la rive une escorte qui vous mettra à couvert de toute insulte, et m'assurera la possession des otages.

— Sire, Votre Altesse s'est trompée, dit Mauléon ; ce n'est point la peur qui m'a fait tressaillir.

— Qu'est-ce donc ? demanda le roi.

— L'impatience d'entrer en campagne pour votre service ; je voudrais déjà être parti.

— Bon, vous êtes un brave chevalier, s'écria Henri, un noble cœur, et vous irez loin, je vous le dis, jeune homme, si vous voulez vous attacher franchement à ma fortune.

— Ah ! seigneur, dit Mauléon, vous me récompensez déjà plus que je ne mérite.

— Ainsi vous allez partir ?

— Sur-le-champ.

— Partez. Voici trois diamants qu'on appelle les Trois-Mages ; ils valent chacun mille écus d'or pour des juifs, et il ne manque pas de juifs en Espagne. Voici encore mille florins, mais seulement pour la valise de votre écuyer.

— Seigneur, vous me comblez, dit Mauléon.

— Au retour, continua don Henri, je vous ferai banneret d'une bannière de cent lances équipées à mes frais.

— Oh ! plus un mot, seigneur, je vous en supplie.

— Mais promettez-moi de ne pas dire au connétable les conditions que j'impose à mon frère.

— Oh ! ne craignez rien, sire, il s'opposerait à ces conditions, et je ne veux pas plus que vous qu'il s'y oppose.

— Merci, chevalier, dit Henri ; vous êtes plus que brave, vous êtes intelligent.

— Je suis amoureux, murmura Mauléon en lui-même, et l'on dit que l'amour donne toutes les qualités que l'on n'a pas.

Le roi alla rejoindre Duguesclin.

Pendant ce temps, Agénor réveillait son écuyer ; et deux heures après, par un beau clair de lune, maître et écuyer trottaient sur la route de Ségovie.

XI

COMMENT DON PÈDRE, A SON RETOUR, REMARQUA LA LITIÈRE, ET CE QUI S'ENSUIVIT.

Cependant, don Pèdre avait gagné Ségovie, emportant au fond de son cœur une douleur amère.

Les premières atteintes portées à sa royauté de dix ans lui avaient été plus sensibles que ne le furent plus tard les échecs essuyés dans les batailles et les trahisons de ses meilleurs amis. Il lui semblait aussi que traverser l'Espagne avec précaution, lui, ce rôdeur de jour et de

uit, qui courait d'habitude Séville sans autre
arde que son épée, sans autre déguisement
ue son manteau, c'était fuir, et qu'un roi est
perdu lorsque, une seule fois, il transige avec
son inviolabilité.

Mais à côté de lui, pareil au génie antique
soufflant la colère au cœur d'Achille, galopait
lorsqu'il hâtait sa course, s'arrêtant lorsqu'il
ralentissait le pas, Mothril, véritable génie de
haine et de fureur, conseiller incessant d'amertume, qui lui offrait les fruits délicieusement
âpres de la vengeance, Mothril, toujours fécond
à imaginer le mal et à fuir le danger, Mothril,
dont l'éloquence intarissable, puisant pour
ainsi dire aux trésors inconnus de l'Orient,
montrait à ce roi fugitif plus de trésors, plus de
ressources, plus de puissance qu'il n'en avait
rêvé dans ses plus beaux jours.

Grâce à lui, la route poudreuse et longue
s'absorbait comme le ruban que roule la fileuse.
Mothril, l'homme du désert, savait trouver en
plein midi la source glacée cachée sous les
chênes et les platanes. Mothril savait, à son
passage dans les villes, attirer sur don Pèdre
quelques cris d'allégresse, quelques démonstra-
tions de fidélité, derniers reflets de la royauté
mourante.

— On m'aime donc encore, disait le roi, ou
l'on me craint toujours, ce qui vaut peut-être
mieux.

— Redevenez véritablement roi, et vous
verrez si l'on ne vous adore pas, ou si l'on ne

tremble pas devant vous, répliquait Mothril avec une insaisissable ironie.

Cependant, au milieu de ces craintes et de ces espérances, de ces interrogations de don Pèdre, Mothril avait remarqué une chose avec joie, c'était le silence complet du roi à l'égard de Maria Padilla. Cette enchanteresse, qui, présente, avait une si grande influence que l'on attribuait son pouvoir à la magie, absente, semblait non-seulement exilée de son cœur, mais encore oubliée de son souvenir. C'est que don Pèdre, imagination ardente, roi capricieux, homme du Midi, c'est-à-dire homme passionné dans toute l'acception du mot, était, depuis le commencement de son voyage avec Mothril, soumis à l'influence d'une autre pensée : cette litière constamment fermée de Bordeaux à Vittoria ; cette femme fuyant entraînée par Mothril à travers les montagnes et dont le voile, deux ou trois fois soulevé par le vent, avait laissé entrevoir une de ces adorables péris de l'Orient aux yeux de velours, aux cheveux bleus à force d'être noirs, au teint mat et harmonieux ; ce son de la guzla qui dans les ténèbres veillait avec amour, tandis que don Pèdre, lui, veillait avec anxiété, tout cela avait peu à peu écarté de don Pèdre le souvenir de Maria Padilla, et c'était moins encore l'éloignement qui avait fait tort à la maîtresse absente, que la présence de cet être inconnu et mystérieux, que don Pèdre, avec son imagination pittoresque et exaltée, semblait tout prêt à prendre pour quelque génie soumis à Mothril, enchanteur plus puissant que lui.

On arriva ainsi à Ségovie sans qu'aucun obstacle sérieux se fût opposé à la marche du roi. Là, rien n'était changé. Le roi retrouva tout comme il l'avait laissé : un trône dans un palais, des archers dans une bonne ville, des sujets respectueux autour des archers.

Le roi respira.

Le lendemain de son arrivée, on signala une troupe considérable ; c'était Caverley et ses compagnons, qui, fidèles aux serments faits à leur souverain, venaient avec cette nationalité qui a toujours fait la puissance de l'Angleterre se joindre à l'allié du Prince Noir, qui lui-même était attendu par don Pèdre.

La veille déjà sur la route on avait rallié un corps considérable d'Andaloux, de Grenadins et de Mores, qui accouraient au secours du roi.

Bientôt arriva un émissaire du prince de Galles, cet éternel et infatigable ennemi du nom français, que Jean et Charles V rencontrèrent partout où, pendant leurs deux règnes, la France eut un échec à subir ; cet émissaire apportait de riches nouvelles au roi don Pèdre.

Le Prince Noir avait rassemblé une armée à Auch, et depuis douze jours, il était en marche avec cette armée : du centre de la Navarre, alliée que le prince anglais venait de détacher de la cause de don Henri, il avait envoyé cet émissaire au roi don Pèdre pour lui annoncer sa prochaine arrivée.

Le trône de don Pèdre, un instant ébranlé par la proclamation de Henri de Transtamare à Burgos, se raffermissait donc de plus en plus. Et à mesure qu'il se raffermissait, accouraient de toutes parts ces immuables partisans du pouvoir, bonnes gens qui s'apprêtaient déjà à marcher vers Burgos pour saluer don Henri, quand ils avaient appris qu'il n'était pas encore temps de se mettre en route, et qu'ils pourraient bien, en se pressant trop, laisser un roi mal détrôné derrière eux.

A ceux-là, nombreux toujours, se joignait le groupe moins compacte, mais mieux choisi, des fidèles, des purs, cœurs transparents et solides comme le diamant, pour lesquels le roi sacré est roi jusqu'à ce qu'il meure, attendu qu'ils se sont faits esclaves de leur serment, le jour où ils ont juré fidélité à leur roi. Ces hommes-là peuvent souffrir, craindre et même haïr l'homme dans le prince, mais ils attendent patiemment et loyalement que Dieu les délie de leur promesse en appelant à lui son élu.

Ces hommes loyaux sont faciles à reconnaître dans tous les temps et dans toutes les époques. Ils ont de moins beaux semblants que les autres, ils parlent avec moins d'emphase, et après avoir humblement et respectueusement salué le roi rétabli sur son trône, ils se rangent à l'écart, à la tête de leurs vassaux, et attendent là l'heure de se faire tuer pour ce principe vivant.

La seule chose qui jetait un peu de froideur dans l'accueil que faisaient à don Pèdre ces fidèles serviteurs, c'était la présence des Mères, plus puissants que jamais auprès du roi.

Cette race belliqueuse de Sarrasins abondait autour de Mothril, comme les abeilles autour de la ruche qui renferme leur reine. Ils sentaient que c'était le More habile et audacieux qui les reliait à côté de ce roi chrétien audacieux et habile; aussi composaient-ils un corps d'armée redoutable, et comme ils avaient tout à gagner à la faveur des guerres civiles, ils accouraient avec un enthousiasme et une activité que les sujets chrétiens admiraient et jalousaient dans une muette inaction.

Don Pèdre retrouva de l'or dans les caisses publiques; il s'entoura aussitôt de ce luxe prestigieux qui prend les cœurs par les regards, l'ambition par l'intérêt. Comme le prince de Galles devait bientôt faire son entrée à Ségovie, il avait été décidé que des fêtes magnifiques, dont l'éclat ferait pâlir les grandeurs éphémères du sacre de Henri, rendraient la confiance au peuple et lui feraient confesser que celui-là est le seul et véritable roi qui possède et qui dépense le plus.

Pendant ce temps, Mothril suivait ce projet conçu de longue main, qui devait lui livrer par les sens don Pèdre qu'il tenait déjà par l'esprit. Chaque nuit la guzla d'Aïssa se faisait entendre, et comme, en véritable fille de l'Orient, tous ses chants étaient des chants d'amour, leurs notes envolées sur la brise venaient caresser la solitude du prince et apportaient à son sang brûlé par la fièvre ces magiques voluptés, passager sommeil des infatigables organisations du Midi.

Mothril attendait chaque jour un mot de don Pèdre qui lui révélât la présence de cette ardeur secrète qu'il sentait brûler en lui, mais ce mot il l'attendait vainement.

Cependant un jour don Pèdre lui dit brusquement sans préparation, comme s'il eût fait un effort violent pour briser le lien qui semblait enchaîner sa langue :

— Eh bien, Mothril, pas de nouvelles de Séville?

Ce mot révélait toutes les inquiétudes de don Pèdre. Ce mot Séville voulait dire Maria Padilla.

Mothril tressaillit : le matin même il avait fait saisir sur la route de Tolède à Ségovie, et il avait fait jeter dans l'Adaja, un esclave nubien chargé d'une lettre de Maria Padilla pour le roi.

— Non, sire, dit-il.

Don Pèdre tomba dans une sombre rêverie. Puis, répondant tout haut à la voix qui lui parlait tout bas :

— Ainsi donc s'est effacée de l'esprit de la femme la passion dévorante à laquelle il m'a fallu sacrifier frère, femme, honneur et couronne, murmura don Pèdre, car la couronne, qui me l'arrache de la tête? ce n'est point le bâtard don Henri, c'est le connétable aussi.

Don Pèdre fit un geste de menace qui ne

promettait rien de bon à Duguesclin, si jamais
sa mauvaise fortune le faisait retomber entre
les mains de don Pèdre.

Mothril ne suivit pas le roi de ce côté-là;
c'était sur un autre but que s'arrêtait son regard.

— Doña Maria, reprit-il, voulait être reine
avant tout, et comme on peut croire à Séville
que Votre Altesse n'est plus roi...

— Tu m'as déjà dit cela, Mothril, et je ne t'ai
pas cru.

— Je vous le répète, sire, et vous commen-
cez à me croire. Je vous l'ai déjà dit, quand
l'ordre me fut donné par vous d'aller chercher
à Coimbre l'infortuné don Frédéric.

— Mothril!

— Vous savez avec quelle lenteur, je dirai
presque avec quelle répugnance, j'ai accompli
cet ordre.

— Tais-toi! Mothril, tais-toi! s'écria don
Pèdre.

— Cependant votre honneur était bien com-
promis, mon roi.

— Oui, sans doute; mais on ne peut attribuer ces crimes à Maria Padilla; ce sont eux,
les infâmes.

— Sans doute; mais sans Maria Padilla vous
n'eussiez rien su, car je me taisais, moi, et cependant ce n'était point par ignorance.

— Elle m'aimait donc alors, puisqu'elle était
jalouse?

— Vous êtes roi, et à la mort de la malheu-
reuse Blanche elle pouvait devenir reine. D'ail-

leurs on est jaloux sans aimer. Vous étiez jaloux de doña Bianca, l'aimiez-vous, sire?

En ce moment, comme si les paroles prononcées par Mothril eussent été un signal donné, les sons de la guzla se firent entendre, et les paroles d'Aïssa, trop éloignées pour être comprises, vinrent bruire aux oreilles de don Pèdre, comme un murmure harmonieux.

— Aïssa, murmura le roi, n'est-ce pas Aïssa qui chante?

— Je le crois, oui, seigneur, dit Mothril.

— Ta fille ou ton esclave favorite, n'est-ce pas? demanda don Pèdre avec distraction.

Mothril secoua la tête en souriant.

— Oh non! dit-il; devant une fille on ne s'agenouille pas, sire; devant une esclave achetée pour de l'or, un homme sage et vieux ne joint point les mains.

— Qui donc est-elle alors? s'écria don Pèdre dont toutes les pensées concentrées un instant sur la mystérieuse jeune fille rompaient leurs digues. Te joues-tu de moi, More damné, ou me brûles-tu à plaisir d'un fer rouge pour avoir le plaisir de me voir bondir comme un taureau?

Mothril recula presque effrayé, tant la sortie avait été brusque et violente.

— Répondras-tu? s'écria don Pèdre en proie à une de ces frénésies qui changeaient le roi en insensé, l'homme en bête fauve.

— Sire, je n'ose vous le dire.

— Amène-moi cette femme alors, s'écria don Pèdre, que je le lui demande à elle-même,

— Oh ! seigneur, fit Mothril, comme épouvanté d'un ordre pareil.

— Je suis le maître, je le veux !

— Seigneur, par grâce !

— Qu'elle soit ici sur l'heure, ou je vais l'arracher moi-même à son appartement.

— Seigneur, dit Mothril en se redressant avec la gravité calme et solennelle des Orientaux, Aïssa est d'un sang trop élevé pour qu'on porte sur elle des mains profanes ; n'offense point Aïssa, roi don Pèdre !

— Et en quoi la Moresque peut-elle être offensée de mon amour ? demanda le roi don Pèdre, mes femmes étaient filles de princes, et plus d'une fois mes maîtresses ont valu mes femmes.

— Seigneur, dit Mothril, si Aïssa était ma fille, comme tu le penses. je te dirais : « Roi don Pèdre, épargne mon enfant, ne déshonore pas ton serviteur. » Et peut-être en reconnaissant la voix de tant et de si bons conseils, épargnerais-tu mon enfant. Mais Aïssa a dans les veines un sang plus noble que le sang de tes femmes et de tes maîtresses ; Aïssa est plus noble qu'une princesse, Aïssa est la fille du roi Muhammed, descendant du grand Muhammed le prophète. Tu le vois, Aïssa est plus qu'une princesse, plus qu'une reine. et je t'ordonne, roi don Pèdre. de respecter Aïssa.

Don Pèdre s'arrêta, subjugué par la fière autorité du More.

— Fille de Muhammed, roi de Grenade murmura-t-il.

— Oui, fille de Muhammed, roi de Grenade, que tu fis assassiner. J'étais au service de ce grand prince, tu le sais, et je la sauvai alors que tes soldats pillaient son palais et qu'un esclave l'emportait dans son manteau pour la vendre. il y a neuf ans de cela. Aïssa avait sept ans à peine; tu entendis raconter que j'étais un fidèle conseiller, et tu m'appelas à ta cour. Dieu voulait que je te servisse. Tu es mon maître, tu es grand parmi les grands, j'ai obéi. Mais près du maître nouveau la fille de mon maître ancien m'a suivi; elle me croit son père; pauvre enfant, élevée dans le harem, sans avoir vu jamais la face majestueuse du sultan qui n'est plus. Maintenant, tu as mon secret, ta violence me l'a arraché. Mais souviens-toi, roi don Pèdre, que je veille, esclave dévoué à tes moindres caprices, mais que je me redresserai comme le serpent pour défendre contre toi le seul objet que je te préfère.

— Mais j'aime Aïssa! s'écria don Pèdre hors de lui.

— Aime-la, roi don Pèdre, tu le peux, car elle est d'un sang au moins égal au tien; aime-la, mais obtiens-la d'elle-même, répliqua le More, je ne t'en empêcherai pas. Tu es jeune, tu es beau, tu es puissant, pourquoi cette jeune vierge ne t'aimerait-elle pas et n'accorderait-elle pas à l'amour ce que tu veux obtenir par la violence?

A ces mots, lancés comme la flèche d'un Parthe, et qui entrèrent au plus profond du

œur de don Pèdre, Mothril souleva la tapisse-
ie et sortit à reculons de la chambre.

— Mais elle me haïra, elle doit me haïr, si
lle sait que c'est moi qui ai tué son père.

— Je ne parle jamais mal du maître que je
ers, dit Mothril en tenant la tapisserie levée, et
ïssa ne sait rien de toi, sinon que tu es un bon
oi et un grand sultan.

Mothril laissa retomber la tapisserie, et don
èdre put entendre pendant quelque temps,
ur les dalles, le bruit de sa marche lente
t solennelle qui se dirigeait vers la chambre
'Aïssa.

XII

COMMENT MOTHRIL FUT NOMMÉ CHEF DES TRIBUS MORESQUES ET MINISTRE DU ROI DON PÈDRE.

Nous avons dit qu'en quittant le roi, Mothril
s'était dirigé vers l'appartement d'Aïssa.

La jeune fille, confinée dans son appartement,
ardée par des grilles et surveillée par son père,
aspirait après l'air à défaut de la liberté.

Aïssa n'avait pas la ressource, comme les fem-
es de notre temps, d'apprendre des nouvelles
qui lui tinssent lieu de correspondance; pour
lle ne plus voir Agénor c'était ne plus vivre;

ne plus l'entendre parler, c'était ne plus avoir l'oreille ouverte aux bruits de ce monde.

Cependant une conviction profonde vivait en elle : c'est qu'elle avait inspiré un amour égal à son amour ; elle savait qu'à moins d'être mort, Agénor, qui avait déjà trouvé le moyen de parvenir trois fois près d'elle, trouverait moyen de la voir une quatrième fois, et dans sa confiance juvénile dans l'avenir, il lui semblait impossible qu'Agénor mourût.

Il ne restait donc pour Aïssa rien autre chose à faire qu'à attendre et à espérer.

Les femmes d'Orient se composent une vie de rêves perpétuels, mêlés d'actions énergiques qui sont les réveils ou les intermittences de leur voluptueux sommeil. Certes si la pauvre captive eût pu agir pour retrouver Mauléon, elle eût agi ; mais, ignorante comme une de ces fleurs d'Orient dont elle avait le parfum et la fraîcheur, elle ne savait que se tourner du côté d'où lui venait l'amour, ce soleil de sa vie. Mais marcher, mais se procurer de l'or, mais questionner, mais fuir, c'étaient là de ces choses qui ne s'étaient jamais offertes à sa pensée, les croyant parfaitement impossibles.

D'ailleurs où était Agénor ? où était-elle elle-même ? elle l'ignorait. A Ségovie, sans doute ; mais ce nom de Ségovie lui représentait un nom de ville, voilà tout. Où était cette ville, elle l'ignorait ; dans quelle province de l'Espagne, elle l'ignorait, elle qui ne connaissait pas même le nom des différentes provinces de l'Espagne ; elle qui

enait de faire cinq cents lieues sans connaître
es pays qu'elle avait traversés , et se rappelant
eulement trois points de ces divers pays, c'est-à-
ire les endroits où elle avait vu Agénor.

Mais aussi comme ces trois points étaient restés encadrés dans son esprit! Comme elle voyait
les rives de la Zezère, cette sœur du Tage , avec
ses bosquets d'oliviers sauvages près desquels on
avait déposé sa litière, ses rives escarpées et ses
flots sombres, pleins de bruissements et de san-
glots du sein desquels semblaient encore monter
la première parole d'amour d'Agénor et le dernier soupir du malheureux page! Comme elle
voyait sa chambre de l'Alcazar, aux barreaux
enlacés de chèvrefeuilles. donnant sur un par-
terre plein de verdures , du milieu desquelles
jaillissaient des eaux bouillonnantes dans des
bassins de marbre! Comme elle voyait enfin les
jardins de Bordeaux avec leurs grands arbres au
feuillage sombre, que séparait de la maison ce
lac de lumière que la lune versait du haut du
ciel !

De tous ces différents paysages , chaque ton ,
chaque aspect , chaque détail , chaque feuille
étaient présents à ses yeux.

Mais de dire si ces points, si lumineux cependant au milieu de l'obscurité de sa vie, étaient à
sa droite ou à sa gauche, au midi ou au nord du
monde, c'est ce qui eût été impossible à l'ignorante jeune fille, qui n'avait appris que ce qu'on
apprend au harem, c'est-à-dire les délices du
bain, et les rêves voluptueux de l'oisiveté.

Mothril savait bien tout cela, sans quoi il eût été moins calme.

Il entra chez la jeune fille.

— Aïssa, lui dit-il après s'être prosterné selon sa coutume, puis-je espérer que vous écouterez avec quelque faveur ce que je vais vous dire?

— Je vous dois tout, et je vous suis attachée, répondit la jeune fille en regardant Mothril comme si elle eût désiré qu'il pût lire dans ses yeux la vérité de ses paroles.

— La vie que vous menez vous plaît-elle? demanda Mothril.

— Comment cela? demanda Aïssa qui visiblement cherchait le but de cette question.

— Je veux savoir si vous vous plaisez à vivre renfermée.

— Oh! non, dit vivement Aïssa.

— Vous voudriez donc changer de condition?

— Assurément.

— Quelle chose vous plairait?

Aïssa se tut. La seule chose qu'elle désirait, elle ne pouvait la dire.

— Vous ne répondez pas? demanda Mothril.

— Je ne sais que répondre, dit-elle.

— N'aimeriez-vous point, par exemple, continua le More, à courir sur un grand cheval d'Espagne, suivie de femmes, de cavaliers, de chiens et de musique?

— Ce n'est point cela que je désire le plus, répondit la jeune fille. Cependant, après ce que je désire, j'aimerais encore cela; pourvu, néanmoins...

Elle s'arrêta.

— Pourvu? demanda Mothril avec curiosité.

— Rien! fit l'altière jeune fille, rien!

Malgré la réticence, Mothril comprit parfaic-ement ce que le *pourvu* signifiait.

— Tant que vous serez avec moi, continua othril, et que, passant pour votre père, bien ue je n'aie pas cet insigne honneur, je serai esponsable de votre bonheur et de votre repos, ïssa, tant qu'il en sera ainsi, la seule chose que ous désiriez ne pourra pas être.

— Et quand cela changera-t-il? demanda la eune fille avec sa naïve impatience.

— Quand un mari vous possédera.

Elle secoua la tête.

— Un mari ne me possédera jamais, dit-elle.

— Vous m'interrompez, señora, dit grave-ent Mothril. Je disais pourtant des choses tiles à votre bonheur.

Aïssa regarda fixement le More.

— Je disais, continua-t-il, qu'un mari peut ous donner la liberté.

— La liberté? répéta Aïssa.

— Peut-être ne savez-vous pas bien ce que 'est que la liberté, répéta Mothril. Je vais vous dire : La liberté est le droit de sortir par les ues sans avoir le visage couvert et sans être nfermée dans une litière; c'est le droit de re-voir des visites comme chez les Francs, d'assis-r aux chasses, aux fêtes, et de prendre sa part es grands festins en compagnie des cheva-ers.

A mesure que Mothril parlait, une légère rougeur colorait le teint mat d'Aïssa.

— Mais au contraire, répondit en hésitant la jeune fille, j'avais entendu dire que le mari ôtait ce droit au lieu de le donner.

— Lorsqu'il est le mari, oui, c'est vrai parfois ; mais avant de l'être, surtout lorsqu'il occupe un rang distingué, il permet à sa fiancée de se conduire comme je vous l'ai dit. En Espagne et en France, par exemple, les filles même des rois chrétiens écoutent les propos galants et ne sont pas déshonorées pour cela. Celui qui les doit épouser leur laisse faire auparavant un essai de la vie large et somptueuse qu'on leur réserve, et tenez, un exemple : vous rappelez-vous Maria Padilla ?

Aïssa écoutait.

— Eh bien? demanda la jeune fille.

— Eh bien ! Maria Padilla n'était-elle point la reine des fêtes ; la maîtresse toute-puissante de l'Alcazar, à Séville, dans la province, dans l'Espagne? Ne vous souvient-il plus l'avoir vue dans les cours du palais à travers nos jalousies grillées, fatiguant son beau coursier arabe, et rassemblant autour d'elle, pour des journées entières, les cavaliers qu'elle préferait? Cependant, comme je vous le disais, vous étiez, vous, recluse et cachée, ne pouvant franchir le seuil de votre chambre, ne voyant que vos femmes et ne pouvant parler à personne de ce que vous aviez dans l'esprit ou le cœur.

— Mais, dit Aïssa, doña Marilla Padilla aimait don Pèdre ; car, lorsqu'on aime en ce pays, on est libre, à ce qu'il paraît, de le dire publiquement à celui qu'on aime. Il vous choisit et ne vous achète pas, comme en Afrique. Doña Maria aimait don Pèdre, vous dis-je, et moi je n'aimerai pas celui qui songerait à m'épouser.

— Qu'en savez-vous, señora?

— Quel est-il? demanda vivement la jeune lle.

— Vous questionnez bien ardemment, fit Mothril.

— Et vous répondez, vous, bien lentement, dit Aïssa.

— Eh bien! je voulais vous dire que doña Maria était libre.

— Non, puisqu'elle aimait.

— On devient libre, même en aimant, señora.

— Comment cela?

— On cesse d'aimer, voilà tout.

Aïssa haussa les épaules, comme si on lui disait une chose impossible.

— Doña Maria est redevenue libre, je vous dis; car don Pèdre ne l'aime plus et n'est plus aimé d'elle.

Aïssa leva la tête avec surprise; le More continua.

— Vous voyez donc, Aïssa, que leur mariage n'est point fait, et que tous deux cependant ont joui du haut rang et du bien-être que donnent un haut rang et d'illustres fréquentations.

— Où voulez-vous en venir? s'écria Aïssa

comme éblouie tout à coup par un éclair.

— A vous dire, reprit Mothril, ce que vous avez déjà parfaitement compris.

— Dites toujours.

— C'est qu'un illustre seigneur...

— Le roi, n'est-ce pas?

— Le roi lui-même, señora, répondit Mothril en s'inclinant.

— Songe à me donner la place laissée vacante par Maria Padilla?

— Et sa couronne.

— Comme à Maria Padilla?

— Doña Maria n'a su que se la faire promettre; une autre plus jeune, plus belle, ou plus habile, saura se la faire donner.

— Mais elle, elle qu'on n'aime plus, que devient-elle? demanda la jeune fille toute pensive, et suspendant le rapide mouvement que ses doigts effilés imprimaient aux grains d'un chapelet de bois d'aloès enchâssé dans de l'or.

— Oh! fit Mothril en affectant l'insouciance, elle s'est créé un autre bonheur; les uns disent qu'elle a craint les guerres où le roi va être entraîné; les autres, et cela est plus probable, qu'aimant une autre personne, elle va prendre cette autre personne comme époux.

— Quelle personne? demanda Aïssa.

— Un chevalier d'Occident, répondit Mothril.

Aïssa tomba dans une profonde rêverie, car ces paroles perfides lui révélaient tour à tour, comme par une magique puissance, tout l'avenir si doux qu'elle rêvait et dont, par ignorance

u par timidité, elle n'avait point osé soulever
e voile.

— Ah! l'on dit cela?... demanda enfin Aïssa
avie.

— Oui, dit Mothril, et l'on ajoute qu'elle s'est
criée, en reprenant sa liberté : « Oh! que la re-
herche du roi m'a porté bonheur, puisqu'elle
l'a sortie de la maison et du silence, pour me
placer en ce beau soleil qui m'a fait distinguer
mon amour. »

— Oui, oui, continua la jeune fille absorbée.

— Et certes, reprit Mothril, ce n'est point
ans le harem ou dans le couvent qu'elle eût
rouvé cette joie qui lui échoit à cette heure.

— C'est vrai, dit Aïssa.

— Ainsi, dans l'intérêt même de votre bonheur, Aïssa, vous écouterez le roi?

— Mais le roi me laissera le temps de réfléchir, n'est-ce pas?

— Tout le temps qu'il vous plaira, et qu'il
convient de laisser à une noble fille comme vous.
Seulement c'est un seigneur triste et irrité par
ses malheurs. Votre parole est douce quand vous
le voulez; veuillez-le, Aïssa. Don Pedro est un
grand roi dont il faut ménager la sensibilité et
augmenter les désirs.

— J'écouterai le roi, seigneur, répondit la
jeune fille.

— Bon! dit Mothril; j'étais sûr que l'ambition
parlerait si l'amour ne parlait pas. Elle aime assez son chevalier franc pour saisir cette occasion
qui se présente de le revoir; en ce moment, elle

sacrifie le monarque à l'amant, peut-être plus tard serai-je forcé de veiller à ce qu'elle ne sacrifie pas l'amant au monarque.

— Donc vous ne refusez pas de voir le roi, doña Aïssa? demanda-t-il.

— Je serai la respectueuse servante de Son Altesse, dit la jeune fille.

— Non pas, car vous êtes l'égale du roi, ne l'oubliez pas. Seulement pas plus d'orgueil que d'humilité. Adieu, je vais prévenir le roi que vous consentez à assister à la sérénade qu'on lui donne tous les soirs. Toute la cour y sera et bon nombre de nobles étrangers. Adieu, doña Aïssa.

— Qui sait, murmura la jeune fille, si parmi ces nobles étrangers je ne verrai pas Agénor?

Don Pèdre, l'homme aux passions violentes et subites, rougit de joie comme un jeune novice, lorsque le soir il vit s'approcher du balcon, resplendissante sous son voile brodé d'or, la belle Moresque dont les yeux noirs et le teint pâle effaçaient tout ce que Ségovie avait eu jusque-là de parfaites beautés.

Aïssa semblait une reine habituée aux hommages des rois. Elle ne baissa point les yeux, regarda souvent don Pèdre en fouillant l'assemblée des yeux, et plus d'une fois dans la soirée, don Pèdre quitta ses plus sages conseillers ou les femmes les plus jolies, pour venir tout bas dire un mot à la jeune fille, qui lui répondit sans trouble et sans embarras; seulement, avec un peu de distraction peut-être, car sa pensée était ailleurs.

Don Pèdre lui donna la main pour la reconduire à sa litière, et pendant le chemin, il ne cessa de lui parler à travers ses rideaux de soie.

Toute la nuit les courtisans s'entretinrent de la nouvelle maîtresse que le roi s'apprêtait à leur donner; et en se couchant, don Pèdre annonça publiquement qu'il confiait le soin des négociations et de la paye des troupes à son premier ministre Mothril, chef des tribus moresques employées à son service.

XIII

COMMENT S'ENTRETENAIENT AGÉNOR ET MUSARON EN CHEMINANT DANS LA SIERRA D'ARACENA.

On a vu que Mauléon et son écuyer s'étaient, par un beau clair de lune, mis en chemin, selon le désir du nouveau roi de Castille.

Rien n'ouvrait à la joie le cœur de Musaron comme le son indiscret de quelques écus se balançant dans les profondeurs de son immense poche de cuir; et ce jour-là, ce n'était plus le cliquetis d'une rencontre fortuite qui égayait le digne écuyer, c'était le son gras, intense, d'une centaine de grosses pièces, comprimées dans un sac et cherchant à emboîter leurs épaisseurs; aussi la joie de Musaron était-elle grosse et sonore en proportion.

La route de Burgos à Ségovie, déjà frayée à cette époque, était belle; mais justement à cause de sa fréquentation et de sa beauté, Mauléon pensa qu'il ne serait pas prudent de la suivre dans son tracé rigoureux. Il se lança donc, en vrai Béarnais, dans la sierra, en suivant les ondulations pittoresques du versant occidental qui se prolonge, fleuri, rocailleux et moussu, comme une ride naturelle, de Coïmbre à Tudèle.

Dès le commencement du voyage, Musaron, qui avait compté sur le secours de ses écus pour se faire un chemin comme il le comprenait; Musaron, disons-nous, trouva un grand mécompte. Si, dans les villes et la plaine, les peuples avaient dégorgé leurs richesses, sous la double pression de don Pèdre et de Henri, que devait-il en être des montagnards, qui, eux, n'avaient jamais possédé de richesses? Aussi nos voyageurs, réduits au lait de brebis, au vin grossier de la métairie, au pain d'orge et de millet, regrettèrent-ils bien vite, Musaron surtout, les dangers de la plaine : dangers entremêlés de délices, de chevreau rôti, d'olla-podrida et de bon vin vieilli dans les outres.

Aussi Musaron commença-t-il par se plaindre amèrement de n'avoir pas d'ennemi à combattre.

Agénor, qui songeait à autre chose, le laissa se plaindre sans lui répondre; puis enfin, tiré de sa rêverie, si profonde qu'elle fût, par les rodomontades féroces de son écuyer, il eût le malheur de sourire.

Ce sourire, dans lequel perçait, il est vrai, une nuance d'incrédulité, déplut fort à Musaron.

— Je ne crois pas, seigneur, dit-il en se pinçant les lèvres pour se donner l'air mécontent, bien que cette expression insolite de physionomie jurât avec l'habituelle bonhomie de sa figure honnête, je ne crois pas que monseigneur ait jamais douté de ma bravoure, et plus d'un trait pourrait en faire preuve.

Agénor fit un signe d'assentiment.

— Oui, plus d'un trait, reprit Musaron. Parlerai-je du More si bien perforé dans les fossés de Medina-Sidonia, hein? de l'autre égorgé par moi dans la chambre même de l'infortunée reine Blanche, dites! Adresse et courage, je le dis modestement. continua-t-il, seront ma devise si jamais je m'élève au rang de chevalier.

— Tout cela est l'exacte vérité, mon cher Musaron, dit Agénor; mais voyons, où veux-tu en venir avec ces longs discours et tes rudes froncements de sourcils.

— Seigneur, reprit Musaron réconforté par l'intonation sympathique qu'il avait remarquée dans la voix de son maître, seigneur, vous ne vous ennuyez donc pas?

— Avec toi je m'ennuie rarement, mon bon Musaron; avec ma pensée, jamais.

— Merci, monsieur; mais quand on pense qu'il n'y a pas ici le moindre voyageur suspect, à qui nous puissions enlever, à la pointe de la lance, un bon quartier de venaison froide, ou quelque grosse outre de ces jolis vins qu'on ré-

colte là-bas du côté de la mer, voilà ce qui
m'ennuie !

— Ah ! je comprends, Musaron, tu as faim,
et ce sont tes entrailles qui crient : En avant.

— Absolument, señor, comme on dit ici ;
voyez donc, au-dessous de nous, le joli chemin !
Dire qu'au lieu de vagabonder dans ces éter-
nelles gorges et sous ces bouleaux inhospita-
liers, nous pourrions. en suivant ce sentier qui
descend pendant une lieue à peu près, aller rejoindre ce plateau sur lequel on voit une église !
Tenez, monsieur, à côté d'une grosse fumée
grasse ; voyez-vous ? Est-ce que rien ne parle en
faveur de cette église, à un pieux chevalier, à
un bon chrétien ? Oh ! la belle fumée ! elle sent
bon d'ici.

— Musaron, répondit Agénor. j'ai aussi bonne
envie que toi de changer de régime et d'apercevoir des hommes ; mais je ne puis exposer ma
personne à des dangers inutiles. Assez de périls
sérieux et indispensables m'attendent dans l'ac-
complissement de ma mission. Ces montagnes
sont arides, désertes, mais sûres.

— Eh ! seigneur, continua Musaron qui paraissait décidé à ne pas se rendre sans avoir
combattu ; par grâce. descendez avec moi jusqu'au tiers de la pente seulement : là, vous
m'attendrez ; et moi, poussant jusqu'à cette
fumée, je ferai quelques provisions qui nous
aideront à patienter. Deux heures seulement,
et je reviens. Quant à ma trace, la nuit passera
dessus, et demain nous serons loin.

— Mon cher Musaron, reprit Agénor, écoutez bien ceci.

L'écuyer prêta l'oreille en secouant la tête, comme s'il eût prévu d'avance que ce que son maître le priait d'écouter ne serait pas dans ses idées.

— Je ne permettrai ni détours, ni écarts, continua Agénor, tant que nous ne serons pas arrivés à Ségovie. A Ségovie, monsieur le sybarite, vous aurez tout ce que vous pourrez désirer : chère exquise, agréable société. A Ségovie, enfin, vous serez traité comme un écuyer d'ambassadeur que vous êtes. Mais jusque-là, marchons droit, s'il vous plaît. N'est-ce pas d'ailleurs Ségovie, cette ville que j'aperçois là-bas dans la brume, et du centre de laquelle s'élèvent ce beau clocher et ce dôme éblouissant? Demain soir nous y serons ; ce n'est donc pas la peine pour si peu de nous détourner de notre chemin.

— J'obéirai à Votre Seigneurie, reprit Musaron d'une voix dolente. c'est mon devoir, et je chéris mon devoir; mais si j'osais me permettre une réflexion, toute dans l'intérêt de Votre Seigneurie...

Agénor regarda Musaron, lequel répondit à ce regard par un signe de tête qui voulait dire : Je maintiens ce que j'ai dit.

— Allons ! parle, dit le jeune homme.

— C'est que, se hâta de reprendre Musaron, il y a un proverbe de mon pays, et par conséquent du vôtre, qui conseille au carillonneur d'essayer les petites cloches avant les grandes.

— Eh bien ! que signifie ce proverbe?

— Il signifie, monseigneur, qu'avant de faire notre entrée à Ségovie, c'est-à-dire dans la grande ville, il serait prudent de tâter de la bourgade ; là , selon toute probabilité , nous entendrons quelque bonne vérité touchant l'état des affaires. Ah! si Votre Seigneurie savait tous les bons présages que je tire de la fumée de ce bourg !

Agénor était homme de bon sens. Les premières raisons de Musaron l'avaient médiocrement ému, mais la dernière le toucha ; en outre il réfléchit que Musaron avait pour idée fixe d'aller au bourg voisin. et que déranger son idée , c'était déranger l'horloge si bien réglée de son caractère, dérangement qui le menaçait d'essuyer pendant toute une journée au moins ce qu'il y a de plus odieux sous le ciel, la mauvaise humeur d'un valet, orage plus inévitable et plus noir que toute tempête.

— Eh bien ! soit, dit-il, je consens à ce que tu désires, Musaron, va voir ce qui se passe autour de cette fumée et reviens me le dire.

Comme dès le commencement de la discussion Musaron était à peu près sûr de la conduire à sa volonté, il reçut cette permission sans faire éclater une joie immodérée, et partit au trot de son cheval, suivant les détours de ce petit sentier que depuis si longtemps il dévorait des yeux.

De son côté, Agénor choisit, pour attendre commodément le retour de son écuyer, un charmant amphithéâtre de roches parsemées de bouleaux, dont le centre était tapissé de cette fine mousse qu'on ne trouve que dans les montagnes, et où l'on voit éclore à l'envi toutes ces fleurs charmantes qui ne s'ouvrent qu'au bord des précipices ; une source, transparente comme un miroir, dormait un instant dans un bassin naturel, puis fuyait en sanglotant parmi les pierres. Agénor s'y désaltéra, puis ôtant son casque, il s'adossa, sous la ruisselante fraîcheur de l'ombrage, à la souche moelleuse d'un vieux chêne vert.

Bientôt, comme un véritable chevalier des vieux fabliaux et des légendes romanesques, le jeune homme s'abandonna aux douces pensées d'amour, qui bientôt l'absorbèrent si profondément que, sans s'en apercevoir, il passa de la rêverie à l'extase et de l'extase au sommeil.

A l'âge d'Agénor, on ne dort guère sans rêver ; aussi, à peine le jeune homme fut-il endormi, qu'il rêva qu'il était arrivé à Ségovie, que le roi don Pèdre le faisait charger de fers et jeter dans une étroite prison, à travers les barreaux de laquelle apparaissait la belle Aïssa ; mais à peine la douce vision venait-elle éclairer l'obscurité de son cachot, que Mothril accourait pour chasser l'image consolante, et qu'une lutte s'engageait entre le More et lui ; au milieu de la lutte, et lorsqu'il sentait qu'il allait succomber, un galop se faisait entendre, annonçant l'arrivée d'un auxiliaire inespéré.

Le bruit de ce galop s'enfonça si persévérant

dans le rêve, que les sens d'Agénor en furent captivés uniquement, et qu'il s'éveilla aux premiers accents du cavalier que ce galop avait ramené près de lui.

— Seigneur! seigneur! criait la voix.

Agénor ouvrit les yeux; Musaron était devant lui.

C'était une curieuse apparition au reste que celle du digne écuyer planté sur son cheval dont il ne dirigeait plus les mouvements qu'à l'aide des genoux, car ses deux mains étaient étendues au devant de lui comme s'il jouait au colin-maillard; c'est qu'à la jointure de chaque bras il portait d'un côté une outre liée par les quatre pattes, de l'autre un linge noué aux quatre coins, formant un paquet de raisins secs et de langues fumées, tandis que des deux mains il présentait comme une paire de pistolets une oie grasse et un pain qui eût suffi au souper de six hommes.

— Seigneur! seigneur! criait, comme nous l'avons dit, Musaron, grande nouvelle!

— Qu'est-ce donc? s'écria le chevalier en se coiffant de son casque et en portant la main à la garde de son épée, comme si Musaron eût précédé une armée ennemie.

— Oh! que j'étais bien inspiré! continua Musaron, et quand je pense que si je n'avais pas insisté, nous passions outre.

— Voyons, qu'y a-t-il, damné bavard? s'écria Agénor impatient.

—Ce qu'il y a!... il y a que c'est Dieu qui m'a conduit à ce village.

— Mais qu'y as-tu appris? mordieu ! parle.

— J'y ai appris que le roi don Pèdre... l'ex-roi don Pèdre, voulais-je dire...

— Eh bien?

— Eh bien ! il n'est plus à Ségovie.

— En vérité ! s'écria Mauléon avec dépit.

— Non, seigneur, l'alcade est revenu hier d'une excursion faite avec les notables du bourg au-devant de don Pèdre, lequel a passé avant-hier dans la plaine là-bas, venant de Ségovie.

— Mais allant... où...?

— A Soria.

— Avec sa cour?

— Avec sa cour.

— Et, continua Agénor en hésitant, avec Mothril?

— Sans doute.

— Et, balbutia le jeune homme, avec Mothril était sans doute...

— Sa litière? Je le crois bien, il ne la quitte pas de vue, excepté quand il dort. Au reste, elle est bien gardée maintenant.

— Que veux-tu dire?

— Que le roi ne la quitte plus.

— La litière?

— Sans doute, il l'escorte à cheval, c'est près de cette litière qu'il a reçu la députation du bourg.

— Eh bien ! mon cher Musaron, allons à Soria, dit Mauléon avec un sourire qui voilait mal un commencement d'inquiétude.

— Allons, monseigneur, allons, mais il ne

s'agit plus de suivre la même route ; nous tournons le dos à Soria, maintenant. Je me suis renseigné au bourg, nous coupons la montagne à gauche, et nous entrons dans un défilé parallèle à la plaine. Ce défilé nous épargnera le passage de deux rivières et onze lieues de chemin.

— Soit ; je consens à t'accepter pour guide, mais songe à la responsabilité que tu prends, mon pauvre Musaron.

— En songeant à cette responsabilité, je vous dirai, seigneur, que vous eussiez dû passer cette nuit au bourg. Voyez, voici le soir qui vient, la fraîcheur se fait sentir ; encore une heure de marche et les ténèbres nous vont gagner.

— Mettons cette heure à profit, Musaron, et, puisque tu es si bien renseigné, montre-moi le chemin.

— Mais votre dîner, seigneur, fit Musaron tentant un dernier effort.

— Notre dîner aura lieu lorsque nous aurons trouvé un gîte convenable. Allons, marche, Musaron, marche.

Musaron ne répliqua pas ; il y avait chez Agénor une certaine intonation de voix qu'il reconnaissait parfaitement ; quand cette intonation de voix accompagnait un ordre quelconque, il n'y avait plus rien à dire.

L'écuyer, par un effort de combinaisons plu savantes les unes que les autres, vint teni l'étrier à son maître, sans débarrasser ses bra d'aucun des fardeaux qui les chargeaient, e toujours chargé, remontant à cheval lui-mêm par un miracle d'équilibre, il passa le premier, et s'enfonça bravement dans cette gorge de montagnes qui devait leur épargner deux rivières et leur raccourcir le chemin de onze lieues.

XIV

COMMENT MUSARON TROUVA UNE GROTTE, ET CE QU'IL Y AVAIT DANS CETTE GROTTE.

Comme l'avait dit Musaron, les voyageurs en avaient encore pour une heure de jour à peu près, et les derniers rayons du soleil purent guider leur marche ; mais du moment où le reflet de sa flamme pâlissante eut abandonné le plus haut pic de la sierra, la nuit commença d'arriver à son tour, avec une rapidité d'autant plus effrayante que, pendant cette dernière heure du jour, Musaron et son maître avaient pu remarquer combien était escarpé, et par conséquent dangereux, le chemin qu'ils suivaient.

Aussi, après un quart d'heure de marche au milieu de cette obscurité, Musaron s'arrêta-t-il tout court.

— Oh ! oh ! seigneur Agénor, dit-il, le chemin devient de plus en plus mauvais, ou plutôt il n'y a plus de chemin du tout. Nous nous tuerons infailliblement, seigneur, si vous exigez que nous allions plus loin.

— Diable ! fit Agénor. Je ne suis pas difficile, tu le sais; cependant le gîte me paraît un peu champêtre. Voyons si nous pouvons aller plus avant.

— Impossible, nous sommes sur une espèce de plate-forme qui domine le précipice de tous côtés ; arrêtons-nous ici, ou plutôt faisons-y une simple halte, et rapportez-vous-en à mon habitude des montagnes pour vous trouver un endroit où passer la nuit.

— Vois tu encore quelque bonne fumée bien grasse? demanda Agénor en souriant.

— Non, mais je flaire une jolie grotte avec des rideaux de lierre et des parois de mousse.

— D'où nous aurons à chasser tout un monde de hiboux, de lézards et de serpents?

— Ma foi, qu'à cela ne tienne, monseigneur ; à l'heure où nous sommes et dans l'endroit où nous nous trouvons. ce n'est pas tout ce qui vole, gratte ou rampe. qui m'effraye : c'est ce qui marche ; d'ailleurs vous n'êtes pas assez supersti- tieux pour avoir peur des hiboux. et je ne crois pas que les lézards ou les couleuvres aient beau- coup à mordre sur vos jambes de fer.

— Soit. dit Agénor, arrêtons-nous donc.

Musaron mit pied à terre et passa la bride de son cheval à une roche, tandis que son maître, debout sur sa monture, attendait, pareil à la sta- tue équestre du Courage froid et tranquille.

Pendant ce temps, l'écuyer, avec cet instinct dont la bonne volonté décuple la puissance, se mit à explorer les environs.

Un quart d'heure ne s'était pas écoulé qu'il revint l'épée nue et l'air vainqueur.

— Par ici, seigneur, par ici, dit-il, venez voir notre Alcazar.

— Que diable as-tu donc? demanda le chevalier, tu me sembles tout trempé d'eau.

—J'ai, monseigneur, que je me suis battu contre une forêt de lianes, qui me voulait faire prisonnier, mais j'ai tant frappé d'estoc et de taille, que je me suis ouvert un passage; alors, toutes les feuilles humides de rosée ont plu sur ma tête, il y a eu en même temps sortie d'une douzaine de chauves-souris, et la place s'est rendue. Figurez-vous une galerie admirable dont le sol est de sable fin.

— Ah! vraiment, dit Agénor tout en suivant son écuyer, mais tout en doutant quelque peu de ses belles paroles.

Agénor avait tort de douter. A peine avait-il fait cent pas dans une pente assez rapide, qu'à un endroit où le chemin semblait fermé par un mur, il commença de sentir sous ses pieds une jonchée de feuilles fraîches, un abatis de petites branches, résultat du carnage fait par Musaron; tandis que çà et là passaient invisibles, se révélant seulement par l'air qu'envoyait au visage du chevalier le battement silencieux de leurs ailes, de grandes chauves-souris impatientes de reprendre possession de leur demeure.

— Oh! mais, dit Agénor, c'est la caverne de l'enchanteur Maugis!

— Découverte par moi, monseigneur, et par

moi le premier. Du diable si jamais homme a eu l'idée de mettre les pieds ici ! ces lianes datent du commencement du monde.

— Fort bien, dit Agénor en riant; mais si cette grotte est inconnue des hommes...

— Oh! j'en réponds.

— Pourrais-tu en dire autant des loups ?

— Oh! oh! fit Musaron.

— De quelques petits ours roux, de la race montagnarde, tu sais, comme on en trouve dans les Pyrénées?

— Diable !

— Ou de ces chats sauvages qui ouvrent la gorge des voyageurs endormis pour leur sucer le sang?

— Monsieur, savez-vous ce qu'il faudra faire : l'un de nous veillera pendant le sommeil de l'autre.

— Ce sera prudent.

— Maintenant, vous n'avez rien autre chose contre la caverne de Maugis ?

— Absolument rien ; je la trouve même assez agréable.

— Eh bien donc, entrons, dit Musaron.

— Entrons, dit Agénor.

Tous deux descendirent de cheval et entrèrent avec précaution en tâtonnant, le chevalier du bout de la lance, l'écuyer du bout de l'épée. Après avoir fait une vingtaine de pas, ils rencontrèrent un mur solide, impénétrable, qui semblait formé par le rocher lui-même, sans cavité apparente, sans retraite pour les animaux nuisibles.

Cette caverne était divisée en deux parties :
on entrait d'abord sous une espèce de porche ;
puis ensuite on pénétrait dans la seconde exca-
vation, qui, après une espèce de porte franchie,
reprenait toute sa hauteur.

C'était évidemment une de ces grottes qui dans
les premiers temps du christianisme furent ha-
bitées par quelqu'un des pieux solitaires qui
avaient choisi le chemin de la retraite pour les
conduire au ciel.

— Dieu soit loué! dit Musaron, notre chambre
à coucher est sûre.

— En ce cas fais entrer les chevaux à l'écurie,
et mets la nappe, dit Agénor, j'ai faim.

Musaron fit, en effet, entrer les deux chevaux
dans ce que son maître appelait l'écurie : c'était
le porche de la grotte.

Puis ce soin rempli, il passa aux préparatifs
plus importants du souper.

— Que dis-tu? demanda Agénor, qui l'entendait grommeler tout en exécutant les ordres qu'il
venait de recevoir.

— Je dis, monsieur, que je suis un grand sot
d'avoir oublié de la cire pour nous éclairer.
Heureusement que nous pouvons faire du
feu.

— Y penses-tu, Musaron? du feu?

— Le feu éloigne les animaux féroces, c'est
un axiome dont j'ai plus d'une fois eu l'occasion
de reconnaître la justesse.

— Oui, mais il attire les hommes, et dans ce
moment, je te l'avoue, je redoute plus l'attaque

de quelque bande anglaise ou moresque, que celle d'un troupeau de loups.

— Mordieu! dit Musaron; c'est triste cependant, monsieur, de manger de si bonnes choses sans les voir.

— Bah! bah! dit Agénor, ventre affamé n'a pas d'oreilles, c'est vrai, mais il a des yeux.

Musaron, toujours docile quand on savait le persuader ou quand on faisait ce qu'il désirait, reconnut cette fois la solidité des raisons de son maître et alla dresser le repas à la porte de la seconde caverne, afin qu'une dernière lueur du dehors pût pénétrer jusqu'à eux.

Ils commencèrent donc leur repas aussitôt après que les chevaux eurent reçu la permission de plonger la tête dans le sac d'avoine que Musaron portait en croupe.

Agénor, homme jeune et vigoureux, entama les provisions avec une énergie dont rougirait peut-être un amoureux de nos jours, tandis qu'on entendait l'accompagnement enthousiaste de Musaron qui, sous prétexte toujours qu'on n'y voyait pas, croquait les os avec la chair.

Tout à coup le motif continua du côté d'Agénor, mais l'accompagnement cessa du côté de Musaron.

— Et bien! qu'y a-t-il? demanda le chevalier.

— Seigneur, j'avais cru entendre, reprit Musaron, mais sans doute je me trompais... Ce n'est rien.

Et il se remit à manger.

Mais bientôt il s'interrompit encore, et comme

tournait le dos à l'ouverture, Agénor put re-
arquer son immobilité.

— Ah çà! dit Agénor, deviens-tu fou?

— Non pas, señor; pas plus que je ne deviens
ourd. J'entends, vous dis-je, j'entends.

— Bah! tu rêves, reprit le jeune homme;
'est quelque chauve-souris oubliée qui bat les
1urs.

— Eh bien! dit Musaron en baissant la voix
de manière à ce que son maître lui-même l'en-
tendît à peine, non-seulement j'entends, mais je
vois.

— Tu vois?...

— Oui; et si vous voulez vous retourner,
vous verrez vous-même.

L'invitation était si positive, qu'Agénor se retourna vivement.

En effet, au milieu du fond obscur de la caverne, scintillait une raie lumineuse; une lumière, produite par une flamme quelconque,
énétrait dans la grotte à travers la gerçure du
roc.

Le phénomène était assez effrayant pour quiconque n'y eût pas appliqué à l'instant même la
réflexion.

— Si nous n'avons pas de lumière, dit Musaron, ils en ont, eux.

— Qui eux?

— Dame! nos voisins.

— Tu crois donc ta grotte solitaire habitée?

— Je ne vous ai répondu que de celle-ci,
mais pas de la grotte voisine.

— Voyons, explique-toi.

— Comprenez-vous, monseigneur? nous sommes sur la crête d'une montagne, ou à peu près ; toute montagne a deux versants.

— Très-bien !

— Suivez mon raisonnement; cette grotte a deux entrées. Un hasard a produit la séparation mal jointe que nous voyons. Nous avons pénétré dans la grotte par l'entrée occidentale, eux par l'entrée orientale.

— Mais enfin, qui, eux?

— Je n'en sais rien. Nous allons voir. Monseigneur, vous aviez raison de ne pas vouloir que je fisse du feu. Je crois que Votre Seigneurie est aussi prudente que brave, ce qui n'est pas peu dire. Mais voyons...

— Voyons ! dit Agénor.

Et tous deux s'avancèrent, non sans un certain battement de cœur, dans les profondeurs du souterrain.

Musaron marchait le premier; il arriva le premier, et le premier appliqua son œil à la fente qui divisait la froide paroi du roc.

— Regardez ! dit-il à voix basse, cela en vaut la peine.

Agénor regarda à son tour et tressaillit.

— Hein! dit Musaron.

— Chut! fit à son tour Agénor.

FIN DU TOME TROISIÈME.

En Vente :

LE CHEVALIER DE MAISON-ROUGE, par *Alex Dumas.* 5 vol.

LA COMTESSE DE MONRION, par *Frédéric Soulié.* 4 vol.

LE COMTE DE MONTE-CHRISTO, par *Alexandre Dumas.* 12 vol.

LES PAYSANS, Scènes de la vie de Campagne, par *H. de Balzac.* Tome 1.

NAPOLÉON AU BIVAC, AUX TUILERIES ET A SAINTE-HÉLÈNE, anecdotes inédites sur la famille et la cour impériale, par *Émile Marco de Saint-Hilaire.* Un vol.

LE MÉDECIN DU CŒUR, par *Alphonse Brot.* 2 vol.

JEANNE, par *George Sand.* 2 vol.

LOUIS XIV ET SON SIÈCLE, par *Alex. Dumas.* 9 vol.

L'ESCLAVE DU PACHA, suivi de HISTOIRE DE MA GRAND'-TANTE, par *X. B. Saintine.* 2 vol.

LES PETITS MANÉGES D'UNE FEMME VERTUEUSE, par *H. de Balzac.* Un vol.

LA PRINCESSE DES URSINS, par *Alex. de Laveryne.* 2 v.

LE CHATEAU DES PYRÉNÉES, par *Frédéric Soulié.* 3 vol.

MAISON DE CAMPAGNE A VENDRE, par *Frédéric Soulié.* Un vol.

UN MARI, par Mme *la comtesse Dash.* Un vol.

Mme ROLAND *ou* LES GIRONDINS, par *J. Brisset.* Un vol.

LE TALISMAN, par *Auguste Luchet.* Un vol.

LE COMTE DE GUICHE, par Mme *Sophie Gay.* 3 vol.

POUR UN CHEVEU BLOND, suivi de VOYAGE DE M. FITZ-GERALD A LA RECHERCHE DES MYSTÈRES, par *Léon Gozlan.* Un vol.

LA FAMILLE GOGO, par *Ch. Paul de Kock.* 4 vol.

www.ingramcontent.com/pod-product-compliance
Lightning Source LLC
Chambersburg PA
CBHW072059080426
42733CB00010B/2166